Sei nicht Ignorant und lebe glücklich

Glück sein liegt darin, die Dinge so zu wissen,
wie sie wirklich sind, und nicht darin,
sie zu ignorieren!

Ilyas El Idrissi Nourti

ISBN: 9798328721301

WIDMUNG

Die Ignoranz der Menschheit ist ein Thema von zeitloser Relevanz, das oft in Kunst, Literatur und Philosophie reflektiert wird. Es ist die Neigung der Menschen, sich der Realität zu verschließen oder wichtige Fragen und Probleme zu ignorieren, sei es aus Bequemlichkeit, Angst oder Unwissenheit.

Für diejenigen, die im Dunkel der Ignoranz gefangen sind,
Für diejenigen, die sich weigern, das Licht der Wahrheit zu sehen,
Für diejenigen, deren Herzen von Vorurteilen umgeben sind,
Für diejenigen, die die Stimmen der Bedürftigen überhören,

Möge diese Widmung sein, als ein Ruf zum Erwachen, ein Appell zur Erkenntnis, ein Pfad zur Empathie.

Möge sie denjenigen gewidmet sein,
die sich bemühen, das Unbekannte zu verstehen,
die Wahrheit zu suchen,
und die Barrieren der Ignoranz zu durchbrechen.

Möge sie denjenigen gewidmet sein,

die leiden unter den Auswirkungen der Ignoranz,

denen Unrecht geschieht,

und denen die Stimme genommen wird.

Möge diese Widmung eine Erinnerung sein,

dass das Streben nach Wissen und Verständnis

unsere größte Stärke ist,

und dass durch Bildung und Mitgefühl

die Dunkelheit der Ignoranz besiegt werden kann.

Möge sie eine Verpflichtung sein,

unsere Augen zu öffnen,

unsere Herzen zu öffnen,

und eine Welt des Verstehens und der Harmonie zu

schaffen.

Diese Widmung könnte dazu aufrufen, sich der eigenen Ignoranz bewusst zu werden und sich aktiv für Bildung, Empathie und Offenheit zu engagieren. Sie könnte auch die Hoffnung ausdrücken, dass die Menschheit ihre Ignoranz überwinden kann, um eine bessere Zukunft für alle zu schaffen.

INHALT

Kapitel	Titel	Seite

VORWORT

Ignoranz, oft als Feind des Wissens verachtet, spielt eine tiefgreifende Rolle in der menschlichen Geschichte und im Alltag. Dieses Buch zielt darauf ab, Ignoranz in all ihren Facetten zu erforschen, von der bewussten Entscheidung, bestimmte Informationen zu ignorieren, bis hin zur unbewussten Unwissenheit, die durch gesellschaftliche Strukturen gefördert wird.

Die Ignoranz der Menschheit ist ein komplexes Phänomen mit tiefgreifenden Auswirkungen auf individuelle Entscheidungen, gesellschaftliche Entwicklungen und globale Herausforderungen. In diesem Buch werden wir die Ursachen, Auswirkungen und Möglichkeiten zur Überwindung der Ignoranz der Menschheit untersuchen.

Die Ignoranz der Menschheit kann auf verschiedene Ursachen zurückgeführt werden:

- **Bildungsmangel:**

Ein Mangel an Bildung und Zugang zu Wissen kann dazu führen, dass Menschen bestimmte Themen oder Fragen ignorieren oder falsch verstehen.

- **Kognitive Verzerrungen:**

Kognitive Verzerrungen wie Bestätigungsfehler oder Gruppendenken können dazu führen, dass Menschen Informationen selektiv wahrnehmen oder interpretieren und alternative Perspektiven ignorieren.

- **Kulturelle und soziale Einflüsse:**

Kulturelle und soziale Normen können dazu beitragen, dass bestimmte Meinungen oder Ansichten akzeptiert werden, während andere ignoriert oder abgelehnt werden.

Auswirkungen der Ignoranz

Die Ignoranz der Menschheit kann weitreichende Auswirkungen haben:

• **Fehlentscheidungen:**
Ignoranz kann zu Fehlentscheidungen auf individueller und gesellschaftlicher Ebene führen, die langfristige Konsequenzen haben können.

• **Konflikte und Vorurteile:**
Ignoranz kann zu Konflikten und Vorurteilen zwischen verschiedenen Gruppen oder Gemeinschaften führen, wenn Menschen nicht bereit sind, alternative Perspektiven zu verstehen oder zu akzeptieren.

• **Umweltzerstörung und soziale Ungerechtigkeit:**
Ignoranz gegenüber Umwelt- und sozialen Problemen kann zu Umweltzerstörung, sozialer Ungerechtigkeit und anderen globalen Herausforderungen beitragen.

Überwindung der Ignoranz

Die Überwindung der Ignoranz erfordert ein bewusstes Bemühen auf individueller, gesellschaftlicher und globaler Ebene:

• Bildung und Aufklärung:

Die Förderung von einem besserem Bildungssystem und Aufklärung ist entscheidend, um die Ignoranz der Menschheit zu überwinden und ein fundiertes Verständnis von komplexen Themen und Problemen zu entwickeln.

• Förderung von kritischem Denken:

Die Förderung von kritischem Denken kann dazu beitragen, kognitive Verzerrungen zu überwinden und Menschen zu befähigen, Informationen objektiv zu bewerten und alternative Perspektiven zu berücksichtigen.

• Förderung von Empathie und Toleranz:

Die Förderung von Empathie und Toleranz kann dazu beitragen, Vorurteile und Konflikte zu reduzieren und eine Kultur des respektvollen Dialogs und der Zusammenarbeit zu fördern.

Ignoranz kann tiefgreifende Auswirkungen auf die Art und Weise haben, wie Menschen Existenzfragen betrachten und bewerten. Ignoranz kann dazu führen, dass Menschen spirituelle Fragen und Existenzfragen oberflächlich betrachten oder sogar ganz vermeiden. Ein Mangel an Verständnis oder Interesse an spirituellen Fragen kann zu einem Gefühl der Leere oder Sinnlosigkeit führen.

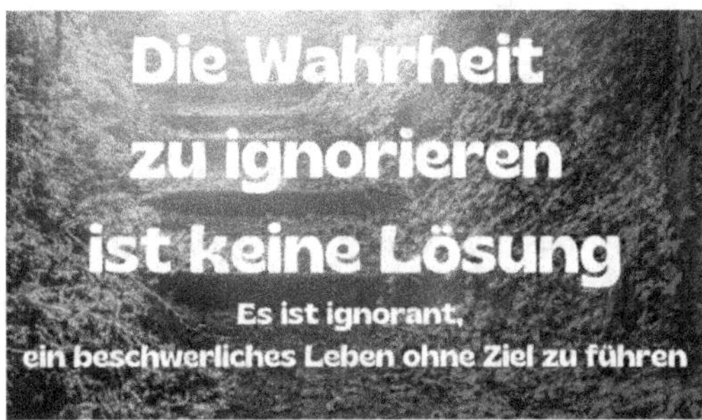

Ignoranz kann auch dazu führen, dass ethische Überlegungen vernachlässigt werden. Ohne ein grundlegendes Verständnis ethischer Prinzipien und Werte können Menschen Schwierigkeiten haben, moralisch fundierte Entscheidungen zu treffen oder die Auswirkungen ihres Handelns auf andere zu berücksichtigen.

Es kann auch zu existenziellen Krisen führen, in denen Menschen sich mit grundlegenden Fragen nach dem Sinn des Lebens, dem Zweck ihres Daseins und dem Wesen der Realität konfrontiert sehen. Ohne ein fundiertes Verständnis dieser Fragen können existenzielle Krisen zu Verwirrung, Angst und Desorientierung führen.

Die Aufklärung und das Streben nach Wissen sind entscheidend, um Ignoranz zu überwinden und eine fundierte Herangehensweise an Existenzfragen zu entwickeln. Durch Bildung, kritisches Denken und offenen Dialog können Menschen ein tieferes Verständnis von spirituellen, ethischen und existenziellen Fragen entwickeln und sich aktiv mit diesen Fragen auseinandersetzen. Hierfür können die Göttliche Überlieferungen Koran, Bibel und Tora ohne Ignoranz studiert und verglichen werden. Der Koran z.B. enthält viele Verse, die sich mit Existenzfragen und der Natur des Lebens, des Universums und des Menschen beschäftigen.

Ignoranz kann tiefe Auswirkungen auf die Art und Weise haben, wie Menschen Existenzfragen betrachten und bewerten. Durch Aufklärung und Bildung können Menschen dazu befähigt werden, ihre Ignoranz zu überwinden und eine fundierte Herangehensweise an spirituelle, ethische und existenzielle Fragen zu entwickeln. Es ist wichtig, dass diese Fragen nicht ignoriert oder oberflächlich betrachtet werden, sondern dass sie als wichtige Aspekte der menschlichen Erfahrung anerkannt und erforscht werden.

Die Ignoranz der Menschheit ist ein bedeutendes Hindernis für individuelles Wachstum, gesellschaftlichen Fortschritt und die Bewältigung globaler Herausforderungen. Durch Bildung, kritisches Denken und die Förderung von Empathie und Toleranz können wir dazu beitragen, die Ignoranz der Menschheit zu überwinden und eine aufgeklärte und gerechte Gesellschaft aufzubauen. Es ist wichtig, dass wir uns bewusstwerden, wie Ignoranz entsteht und wie sie sich auf unser Denken und Handeln auswirkt, damit wir konstruktive Maßnahmen zur Überwindung dieses Phänomens ergreifen können

Kapitel 1: Was ist Ignoranz?

1.1 Definitionen und Typen der Ignoranz

Ignoranz ist ein komplexes Konzept, das weit über das bloße Fehlen von Wissen hinausgeht. Sie kann verschiedene Formen annehmen und auf unterschiedliche Weisen unser Leben beeinflussen. In diesem Abschnitt betrachten wir die grundlegenden Definitionen und die verschiedenen Typen der Ignoranz.

1.1.1. Definitionen der Ignoranz

Ignoranz ist allgemein als der Zustand des Nichtwissens oder des Unwissens definiert. Doch diese einfache Definition wird der Komplexität des Phänomens nicht gerecht. Ignoranz kann intentional oder unintentional sein, aktiv oder passiv, und sie kann in unterschiedlichen Kontexten verschiedene Bedeutungen haben.

- **Unbewusste Ignoranz:** Diese Form der Ignoranz liegt vor, wenn eine Person sich ihres Unwissens nicht bewusst ist. Sie weiß nicht, dass sie etwas nicht weiß. Unbewusste Ignoranz ist oft das Ergebnis von mangelnder Bildung oder fehlendem Zugang zu Informationen.

- **Bewusste Ignoranz:** Hierbei handelt es sich um den Zustand, in dem eine Person sich ihres Nichtwissens bewusst ist, aber keine Maßnahmen ergreift, um ihr Wissen zu erweitern. Dies kann aus Gleichgültigkeit,

Bequemlichkeit oder mangelndem Interesse resultieren.

- **Aktive Ignoranz:** Bei dieser Form der Ignoranz entscheidet sich eine Person bewusst dafür, bestimmte Informationen zu ignorieren oder zu vermeiden. Dies kann aus verschiedenen Gründen geschehen, z.B. aus Angst, Vorurteilen oder dem Wunsch, bestimmte Überzeugungen zu schützen.

- **Passive Ignoranz:** Diese Form tritt auf, wenn eine Person nicht aktiv nach Wissen sucht und daher unwissend bleibt. Es ist nicht unbedingt eine bewusste Entscheidung, sondern eher ein Mangel an Initiative oder Gelegenheit, sich weiterzubilden.

1.1.2. Typen der Ignoranz

Ignoranz kann in verschiedene Typen unterteilt werden, je nachdem, in welchem Kontext sie auftritt und welche Auswirkungen sie hat. Einige der wichtigsten Typen sind:

- **Persönliche Ignoranz:** Diese Form betrifft das individuelle Wissen und die persönlichen Überzeugungen einer Person. Sie kann das Verständnis der eigenen Fähigkeiten, Schwächen und Interessen beeinflussen.

- **Soziale Ignoranz:** Diese Art der Ignoranz bezieht sich auf das fehlende Wissen oder Verständnis über andere Menschen, Kulturen oder soziale Normen. Sie kann zu Missverständnissen, Vorurteilen und

Diskriminierung führen.

- **Politische Ignoranz:** Hierbei handelt es sich um das mangelnde Wissen über politische Prozesse, Institutionen und aktuelle Ereignisse. Politische Ignoranz kann die Fähigkeit der Bürger beeinträchtigen, fundierte Entscheidungen zu treffen und aktiv an der Demokratie teilzunehmen.

- **Wissenschaftliche Ignoranz:** Diese Form der Ignoranz betrifft das Unwissen über wissenschaftliche Konzepte, Theorien und Fakten. Sie kann dazu führen, dass Menschen wissenschaftliche Erkenntnisse missverstehen oder ablehnen, was negative Auswirkungen auf die Gesellschaft haben kann, z.B. im Bereich der öffentlichen Gesundheit oder des Klimawandels.

- **Kulturelle Ignoranz:** Diese Art der Ignoranz bezieht sich auf das mangelnde Wissen oder Verständnis über andere Kulturen, Traditionen und Lebensweisen. Sie kann zu kulturellen Missverständnissen und Konflikten führen.

- **Ökonomische Ignoranz:** Diese Form betrifft das fehlende Wissen über wirtschaftliche Prinzipien, Finanzmanagement und die Funktionsweise von Märkten. Ökonomische Ignoranz kann persönliche finanzielle Schwierigkeiten und wirtschaftspolitische Fehlentscheidungen zur Folge haben.

Ignoranz ist ein vielschichtiges Phänomen, das in verschiedenen Formen und Kontexten auftreten kann. Das Verständnis der Definitionen und Typen der Ignoranz ist der erste Schritt, um ihre Ursachen und Auswirkungen zu erkennen und Strategien zu entwickeln, um Wissen zu fördern und Unwissenheit zu bekämpfen. Ignoranz kann zwar ein natürlicher Teil des menschlichen Daseins sein, doch durch bewusste Anstrengungen und Bildung können wir ihre negativen Auswirkungen minimieren und eine aufgeklärtere Gesellschaft fördern.

1.2   Die   Psychologie   der Ignoranz

Die Psychologie der Ignoranz untersucht die mentalen Prozesse und Mechanismen, die dazu führen, dass Menschen unwissend bleiben oder Informationen aktiv ignorieren. Sie beleuchtet, warum und wie Individuen und Gruppen bestimmte Wissenslücken aufrechterhalten und welche psychologischen Faktoren dabei eine Rolle spielen.

1.2.1. Kognitive Verzerrungen und

Ignoranz

Kognitive Verzerrungen sind systematische Denkfehler, die unser Urteilsvermögen beeinflussen. Sie spielen eine entscheidende Rolle in der Psychologie der Ignoranz:

- **Bestätigungsfehler (Konfirmation Bias):** Menschen neigen dazu, Informationen zu suchen, zu interpretieren und zu erinnern, die ihre bestehenden Überzeugungen bestätigen. Informationen, die diesen Überzeugungen widersprechen, werden oft ignoriert oder abgewertet. Dieser Bias kann dazu führen, dass Individuen in ihrer eigenen Blase bleiben und sich weigern, neue oder widersprüchliche Informationen anzuerkennen. Und das passiert meisten mit religiösen Überlieferungen, die Menschen ignorieren andere Lieferungen, auch wenn sie wissen, dass diese wahr sind.

- **Selektive Wahrnehmung:** Menschen nehmen nur einen Bruchteil der verfügbaren Informationen bewusst wahr und verarbeiten diesen. Selektive Wahrnehmung führt dazu, dass Informationen, die nicht ins bestehende Weltbild passen, übersehen oder ausgeblendet werden.

- **Dunning-Kruger-Effekt:** Dieses Phänomen beschreibt die Tendenz von Personen mit niedriger Kompetenz in einem bestimmten Bereich, ihre Fähigkeiten zu überschätzen. Gleichzeitig unterschätzen sie das Wissen und die Fähigkeiten anderer. Diese Selbstüberschätzung kann dazu führen, dass sie keine Notwendigkeit sehen, sich weiterzubilden.

- **Kognitive Dissonanz:** Wenn

Menschen mit Informationen konfrontiert werden, die ihren Überzeugungen widersprechen, erleben sie psychischen Stress oder Unbehagen. Um diese Dissonanz zu reduzieren, ignorieren sie oft die widersprüchlichen Informationen oder rationalisieren sie weg.

1.2.2. Emotionale und soziale Faktoren

Neben kognitiven Verzerrungen spielen auch emotionale und soziale Faktoren eine wichtige Rolle in der Aufrechterhaltung von Ignoranz:

- **Angst und Unsicherheit:** Neue Informationen können Ängste und Unsicherheiten auslösen, insbesondere wenn sie bestehende Überzeugungen oder das eigene Selbstbild infrage stellen. Aus Angst vor den Konsequenzen könnten Menschen Informationen ignorieren oder ablehnen.

- **Soziale Identität und Gruppendenken:** Menschen definieren sich oft durch ihre Zugehörigkeit zu sozialen Gruppen. Informationen, die die Werte oder Überzeugungen der Gruppe infrage stellen, können als Bedrohung empfunden werden. Gruppendenken kann dazu führen, dass abweichende Meinungen unterdrückt und Ignoranz aufrechterhalten werden.

- **Stolz und Eitelkeit:** Stolz kann verhindern, dass Menschen zugeben, dass sie falsch liegen oder etwas nicht wissen. Um ihr Ego zu schützen, könnten sie sich weigern, neue Informationen anzunehmen.

1.2.3. Motivierte Ignoranz

Motivierte Ignoranz beschreibt das Phänomen, bei dem Menschen bewusst oder unbewusst Informationen vermeiden, die ihnen unangenehm sind oder ihren Zielen widersprechen. Diese Art der Ignoranz ist oft durch starke persönliche oder soziale Motivationen geprägt:

- **Selbstschutz:** Um unangenehme Wahrheiten oder schmerzhafte Erkenntnisse zu vermeiden, könnten Menschen bestimmte Informationen ignorieren oder ablehnen. Dies dient dem psychologischen Selbstschutz.

- **Soziale Konformität:** Der Wunsch, in einer sozialen Gruppe akzeptiert zu werden, kann dazu führen, dass Individuen Informationen ignorieren, die den Normen oder Überzeugungen der Gruppe widersprechen.

- **Instrumentelle Ignoranz:** Menschen können sich dafür entscheiden, unwissend zu bleiben, wenn es ihnen einen Vorteil verschafft, z.B. um Verantwortung zu vermeiden oder um sich nicht mit schwierigen Entscheidungen auseinandersetzen zu müssen.

Die Psychologie der Ignoranz zeigt, dass Unwissenheit oft tief in unseren mentalen Prozessen und emotionalen Reaktionen verwurzelt ist. Kognitive Verzerrungen, emotionale und soziale Faktoren sowie motivierte Ignoranz tragen alle dazu bei, dass Menschen Informationen ignorieren oder nicht wahrnehmen. Das Verständnis dieser psychologischen Mechanismen ist entscheidend, um Strategien zu entwickeln, die Wissen fördern und Ignoranz abbauen. Indem wir uns dieser Mechanismen bewusstwerden, können wir bewusster mit Informationen umgehen und offener für neues Wissen und unterschiedliche Perspektiven sein.

1.3 Historische Perspektiven auf Unwissenheit

Ignoranz hat die Menschheitsgeschichte auf vielfältige Weise geprägt und beeinflusst. Historische Perspektiven auf Unwissenheit zeigen, wie sie in verschiedenen Epochen und Kulturen betrachtet, genutzt und bekämpft wurde. Dieses Kapitel beleuchtet wichtige historische Entwicklungen und Ereignisse, die die Rolle von Unwissenheit in der Gesellschaft verdeutlichen.

1.3.1. Antike und Mittelalter

In der Antike und im Mittelalter wurde Wissen oft als Privileg weniger betrachtet. Ignoranz war weit verbreitet, insbesondere in den unteren sozialen Schichten, da Bildung und Wissen meist auf die Elite beschränkt waren.

- **Antikes Griechenland und Rom:** In diesen Kulturen war Bildung ein

Luxus, der vor allem den wohlhabenden und freien Bürgern vorbehalten war. Philosophen wie Sokrates betonten die Bedeutung des Wissens und der Selbsterkenntnis, doch viele Menschen blieben aufgrund mangelnder Zugangsmöglichkeiten unwissend.

- **Mittelalterliche Gesellschaft:** Im Mittelalter dominierte die Kirche das Wissen und die Bildung. Die meisten Menschen, insbesondere Bauern und einfache Arbeiter, hatten keinen Zugang zu Bildung und waren weitgehend unwissend. Die Kirche nutzte Ignoranz teilweise, um Macht und Kontrolle aufrechtzuerhalten, indem sie den Zugang zu Wissen einschränkte und ketzerische Schriften verbot.

- **Die Ignoranz der vor-islamischen arabischen Gesellschaft:** war also ein komplexes Phänomen, das verschiedene Bereiche des Lebens und der Kultur umfasste und eine Reihe von Herausforderungen und Problemen mit sich brachte. Der Aufstieg des Islam brachte jedoch eine neue religiöse und soziale Ordnung mit sich, die viele dieser Probleme adressierte und transformierte. **Der Islam brachte eine Transformation, die Ignoranz und Unwissenheit durch Wissen und Bildung ersetzte und soziale Reformen einleitete, die die Gesellschaft insgesamt gerechter und aufgeklärter machten.**

1.3.2. Renaissance und Aufklärung

Die Renaissance und die Aufklärung brachten bedeutende Veränderungen im Umgang mit Wissen und Ignoranz. Diese Epochen zeichneten sich durch einen wachsenden Zugang zu Bildung und eine verstärkte Betonung der Wissenschaft und des rationalen Denkens aus.

- **Renaissance:** Die Wiederentdeckung antiker Texte und das Aufkommen des Buchdrucks trugen dazu bei, Wissen breiter zu verbreiten. Bildung wurde zunehmend zugänglicher, und das Interesse an Wissenschaft, Kunst und Literatur wuchs. Ignoranz wurde zunehmend als Hindernis für den Fortschritt gesehen.

- **Aufklärung:** Die Aufklärung betonte die Bedeutung der Vernunft, des Wissens und der individuellen Freiheit. Philosophen wie Voltaire, Rousseau und Kant kritisierten Ignoranz und forderten Bildung und Aufklärung für alle Menschen. Die Idee, dass Wissen Macht ist und Ignoranz überwunden werden muss, prägte diese Epoche. Aber der Träger dieser Aufklärung lehnten religiöse Informationen ab und verließen sich nur auf experimentelle Wissenschaft, was zu einer bewussten Ignoranz gegenüber religiösen Informationen führte.

1.3.3. Industriezeitalter und Moderne

Mit der Industrialisierung und dem Aufstieg moderner Gesellschaften veränderten sich die Strukturen von Wissen und Ignoranz erneut. Bildung wurde breiter zugänglich, und wissenschaftlicher Fortschritt ermöglichte neue Erkenntnisse.

- **Industrialisierung:** Die Industrialisierung führte zu einer verstärkten Urbanisierung und einer wachsenden Arbeiterklasse. Bildung wurde zunehmend als notwendig angesehen, um die Anforderungen der neuen Industriegesellschaft zu erfüllen. Öffentliche Bildungssysteme entstanden, um Ignoranz zu bekämpfen und qualifizierte Arbeitskräfte zu schaffen.

- **20. Jahrhundert:** Im 20. Jahrhundert führte die rasante Entwicklung von Wissenschaft und Technologie zu einer Explosion des Wissens. Bildung wurde in vielen Ländern zu einem Grundrecht, und die Alphabetisierungsraten stiegen weltweit. Dennoch blieb Ignoranz in vielen Bereichen bestehen, oft als Folge sozialer Ungleichheiten und mangelnden Zugangs zu Bildung.

1.3.4. Postmoderne und Informationszeitalter

Im Informationszeitalter sind Wissen und Informationen so zugänglich wie nie zuvor, doch Ignoranz bleibt ein zentrales Problem, oft in neuen Formen.

- **Informationsüberflutung:** Die massive Menge an verfügbaren Informationen kann überwältigend sein und führt oft zu selektiver Wahrnehmung und kognitiver Überlastung. Menschen neigen dazu, Informationen zu ignorieren, die nicht ihren Interessen oder Überzeugungen entsprechen.

- **Desinformation und Fake News:** In der digitalen Ära ist es einfacher denn je, falsche Informationen zu verbreiten. Desinformation und Fake News tragen zur Verbreitung von Unwissenheit bei und können das Vertrauen in wissenschaftliche und journalistische Quellen untergraben.

- **Digital Divide:** Trotz der weitgehenden Verfügbarkeit von Informationen bleibt der Zugang zu Wissen in vielen Teilen der Welt ungleich verteilt. Der "Digital Divide" beschreibt die Kluft zwischen denjenigen, die Zugang zu moderner Informationstechnologie haben, und denen, die davon ausgeschlossen sind.

Die historische Perspektive auf Unwissenheit zeigt, dass Ignoranz nicht nur ein individuelles, sondern auch ein gesellschaftliches Phänomen ist. Sie wird durch soziale, kulturelle und politische Strukturen geformt und beeinflusst.

Das Verständnis der historischen Entwicklungen hilft, die komplexen Mechanismen zu erkennen, die Ignoranz in der Gegenwart aufrechterhalten. Durch Bildung, kritisches Denken und den Zugang zu verlässlichen Informationen können wir daran arbeiten, die verschiedenen Formen der Ignoranz zu überwinden und eine aufgeklärtere Gesellschaft zu fördern.

Kapitel 2: Die Wurzeln der Ignoranz

1. Bildung und Ignoranz

Bildung spielt eine entscheidende Rolle im Kampf gegen Ignoranz. Sie ist das wichtigste Mittel, um Wissen zu verbreiten und die kritischen Denkfähigkeiten zu fördern, die notwendig sind, um Ignoranz zu überwinden. In diesem Kapitel untersuchen wir die Beziehung zwischen Bildung und Ignoranz und betrachten, wie Bildungssysteme Ignoranz bekämpfen oder, in einigen Fällen, unbeabsichtigt fördern können.

2.1.1. Bildung als Mittel zur Bekämpfung von Ignoranz

Bildung ist der Schlüssel zur Überwindung von Ignoranz, da sie Wissen vermittelt und die Fähigkeiten zur kritischen Analyse entwickelt. Einige zentrale Aspekte der Rolle der Bildung im Kampf gegen Ignoranz sind:

- **Zugang zu Wissen:** Bildung eröffnet den Zugang zu einer breiten Palette von Informationen und Wissen. Durch formelle Bildungssysteme wie Schulen und Universitäten erhalten Menschen die Möglichkeit, Wissen in verschiedenen Disziplinen zu erwerben und ihr Verständnis der Welt zu erweitern.

- **Förderung des kritischen Denkens:** Bildung fördert kritisches Denken, indem sie die Fähigkeit schult, Informationen zu analysieren, zu bewerten und zu hinterfragen.

Kritisches Denken hilft dabei, Vorurteile und Fehlinformationen zu erkennen und fundierte Entscheidungen zu treffen.

- **Selbstreflexion und Bewusstsein:** Bildung ermutigt zur Selbstreflexion und zum Bewusstsein für die eigenen Wissenslücken. Dies ist ein wichtiger Schritt, um Ignoranz zu erkennen und aktiv daran zu arbeiten, sie zu überwinden.

- **Soziale und kulturelle Sensibilität:** Bildung fördert das Verständnis und die Wertschätzung verschiedener Kulturen und Perspektiven. Dies trägt dazu bei, soziale Ignoranz zu reduzieren und die Fähigkeit zu entwickeln, in einer globalisierten Welt zu interagieren.

2.1.2. Herausforderungen im Bildungssystem

Trotz der positiven Auswirkungen von Bildung gibt es auch Herausforderungen und Einschränkungen, die dazu führen können, dass Ignoranz bestehen bleibt oder sogar verstärkt wird:

- **Ungleicher Zugang zu Bildung:** In vielen Teilen der Welt gibt es ungleichen Zugang zu Bildung, was zu erheblichen Wissenslücken führt. Soziale, ökonomische und geografische Barrieren können den Zugang zu qualitativ hochwertiger Bildung einschränken und somit Ignoranz aufrechterhalten.

- **Bildungspolitische und institutionelle Hindernisse:** Bildungssysteme können politisch beeinflusst werden, wodurch bestimmte Themen oder Perspektiven bevorzugt und andere vernachlässigt werden. Dies kann zu einer einseitigen Sichtweise und zur Verfestigung von einer systematischen Ignoranz führen.

- **Curriculare Einschränkungen:** Lehrpläne können begrenzt oder veraltet sein, was bedeutet, dass wichtige aktuelle Themen und Entwicklungen nicht ausreichend behandelt werden. Dies kann dazu führen, dass Schüler nicht die notwendigen Kenntnisse und Fähigkeiten erwerben, um sich in einer sich schnell verändernden Welt zurechtzufinden.

- **Lehrmethoden und Pädagogik:** Traditionelle Lehrmethoden, die sich stark auf Auswendiglernen und Reproduktion von Wissen konzentrieren, können kritisches Denken und Kreativität einschränken. Innovative und interaktive Lehrmethoden sind notwendig, um Schüler zu aktivem Lernen und kritischem Denken zu ermutigen.

2.1.3. Bildungstechnologie und ihre Rolle

Technologische Fortschritte bieten neue Möglichkeiten, Bildung zugänglicher und effektiver zu gestalten:

- **E-Learning und Online-Bildung:** Durch E-Learning-Plattformen und Online-Kurse kann Bildung einem breiteren Publikum zugänglich gemacht werden, insbesondere in abgelegenen oder benachteiligten Regionen.

- **Interaktive Lernwerkzeuge:** Technologische Werkzeuge wie Simulationen, interaktive Spiele und virtuelle Realität können das Lernen ansprechender und effektiver gestalten, indem sie komplexe Konzepte auf anschauliche Weise vermitteln.

- **Offene Bildungsressourcen:** Freie und offene Bildungsressourcen ermöglichen den Zugang zu hochwertigen Bildungsinhalten ohne Kostenbarrieren. Dies kann dazu beitragen, Bildung für alle zugänglich zu machen und Wissenslücken zu schließen.

2.1.4. Strategien zur Verbesserung der Bildung

Um die positiven Auswirkungen der Bildung im Kampf gegen Ignoranz zu maximieren, sollten verschiedene Strategien verfolgt werden:

- **Förderung der Bildungsgerechtigkeit:** Initiativen zur Förderung des gleichen Zugangs zu Bildung sollten Priorität haben. Dies umfasst Investitionen in Bildungseinrichtungen in benachteiligten Gebieten, Stipendienprogramme und Maßnahmen zur Beseitigung sozialer und ökonomischer Barrieren.

- **Reform der Lehrpläne:** Lehrpläne sollten regelmäßig überprüft und aktualisiert werden, um sicherzustellen, dass sie relevante und aktuelle Themen abdecken. Dies beinhaltet auch die Integration interdisziplinärer Ansätze und die

Berücksichtigung globaler Perspektiven.

- **Innovative Lehrmethoden:** Der Einsatz innovativer und interaktiver Lehrmethoden sollte gefördert werden, um das Lernen ansprechender und effektiver zu gestalten. Projektbasiertes Lernen, kollaborative Projekte und problemorientiertes Lernen sind Beispiele für solche Methoden.

- **Lehrerfortbildung:** Lehrer sollten kontinuierlich fortgebildet werden, um mit den neuesten pädagogischen Ansätzen und Technologien vertraut zu bleiben. Dies ermöglicht es ihnen, ihren Unterricht an die Bedürfnisse und Interessen ihrer Schüler anzupassen.

Bildung ist ein mächtiges Werkzeug im Kampf gegen Ignoranz. Sie fördert Wissen, kritisches Denken und kulturelle

Sensibilität und hilft dabei, Vorurteile und Fehlinformationen zu überwinden.

Trotz der Herausforderungen, denen Bildungssysteme weltweit gegenüberstehen, bieten technologische Fortschritte und innovative Ansätze neue Möglichkeiten, um Bildung effektiver und zugänglicher zu gestalten. Indem wir in Bildung investieren und ihre Qualität verbessern, können wir einen wichtigen Schritt zur Überwindung von Ignoranz und zur Förderung einer aufgeklärteren und gerechteren Gesellschaft machen.

2. Kulturelle Einflüsse

Kultur spielt eine wesentliche Rolle bei der Formung von Wissen und Ignoranz. Kulturelle Normen, Werte und Überzeugungen beeinflussen, welche Informationen und Perspektiven betont und welche ignoriert werden. Dieses Kapitel untersucht, wie kulturelle Einflüsse Ignoranz fördern oder verhindern können und beleuchtet dabei die Wechselwirkungen zwischen Kultur, Wissen und Bildung.

2.2.1 Die Rolle der Kultur bei der Wissensvermittlung

Kultur bestimmt weitgehend, welche Art von Wissen als wertvoll angesehen wird und wie dieses Wissen weitergegeben wird:

- **Traditionelle Wissenssysteme:** In vielen Gesellschaften wird Wissen durch mündliche Überlieferung und traditionelle Praktiken weitergegeben. Diese Wissenssysteme können spezifisch und tiefgründig sein, sind aber oft auf bestimmte Gemeinschaften beschränkt und schwer zugänglich für Außenstehende.

- **Bildung und Erziehung:** Kulturelle Normen beeinflussen die Strukturen und Inhalte von Bildungssystemen. In einigen Kulturen wird großer Wert auf formale Bildung gelegt, während in anderen praktischen Fähigkeiten und informelles Lernen im Vordergrund stehen.

- **Sprachliche Barrieren:** Sprache ist ein wesentlicher Träger von Kultur. Wenn wichtige Informationen nicht in der Muttersprache einer Gemeinschaft verfügbar sind, kann dies zu Wissenslücken führen. Mehrsprachigkeit und der Zugang zu Übersetzungen können helfen, diese Barrieren zu überwinden.

3. Kulturelle Normen und Ignoranz

Kulturelle Normen und Werte können sowohl positiv als auch negativ beeinflussen, welche Informationen verbreitet werden und welche nicht:

- **Tabus und Stigmata:** In vielen Kulturen gibt es Themen, die als tabu gelten oder stigmatisiert werden. Diese Themen werden oft vermieden oder nur oberflächlich behandelt, was zu Unwissenheit und Missverständnissen führen kann.

- **Autorität und Hierarchie:** In hierarchischen Kulturen kann das Wissen von Autoritäten unangefochten bleiben. Kritik oder Infragestellung von etablierten Überzeugungen und Autoritäten kann als respektlos angesehen werden, was dazu führt, dass alternative Perspektiven ignoriert werden.

- **Konformität und Gruppendenken:** Kultureller Druck zur Konformität kann dazu führen, dass Individuen ihre Meinungen an, die der Gruppe anpassen, selbst wenn sie anderer Meinung sind. Dies kann die Verbreitung von Fehlinformationen und die Aufrechterhaltung von Ignoranz begünstigen.

4. Einfluss der Globalisierung

Die Globalisierung hat tiefgreifende Auswirkungen auf den Austausch von Wissen und kulturellen Werten:

- **Kultureller Austausch:** Die Globalisierung erleichtert den Zugang zu verschiedenen Kulturen und deren Wissen. Dies kann helfen, Ignoranz zu reduzieren, indem es neue Perspektiven und Informationen zugänglich macht.

- **Kulturelle Homogenisierung:** Gleichzeitig kann die Globalisierung zur Homogenisierung führen, bei der dominante Kulturen kleinere Kulturen überlagern. Dies kann das traditionelle Wissen und die kulturelle Vielfalt bedrohen und zu einem Verlust wertvoller Informationen führen.

- **Medien und Informationstechnologie:** Globale Medien und das Internet bieten

Plattformen für den schnellen und breiten Austausch von Informationen. Dies kann helfen, Wissen zu verbreiten, aber auch die Verbreitung von Fehlinformationen und Desinformationen erleichtern.

5. Strategien zur Förderung interkulturellen Wissens

Um die positiven Aspekte kultureller Vielfalt zu nutzen und Ignoranz zu bekämpfen, können verschiedene Strategien verfolgt werden:

- **Interkulturelle Bildung:** Bildungssysteme sollten interkulturelles Verständnis fördern und Schülern ermöglichen, verschiedene Perspektiven und Wissenssysteme kennenzulernen. Austauschprogramme, interkulturelle

Projekte und das Erlernen fremder Sprachen sind dabei hilfreich.

- **Förderung der kulturellen Vielfalt:** Gesellschaften sollten kulturelle Vielfalt wertschätzen und fördern. Dies kann durch die Unterstützung kultureller Veranstaltungen, den Schutz des kulturellen Erbes und die Anerkennung traditioneller Wissenssysteme geschehen.

- **Bekämpfung von Vorurteilen und Stereotypen:** Aufklärungskampagnen und Bildungsprogramme können helfen, Vorurteile und Stereotypen abzubauen und ein besseres Verständnis für verschiedene Kulturen zu schaffen.

- **Zugang zu mehrsprachigen Ressourcen:** Der Zugang zu Bildungs- und Informationsressourcen in verschiedenen Sprachen kann dazu beitragen, sprachliche Barrieren zu überwinden und Wissen breiter zugänglich zu machen.

Kulturelle Einflüsse spielen eine entscheidende Rolle bei der Formung von Wissen und Ignoranz. Kultur bestimmt, welche Informationen verbreitet werden und welche nicht, und beeinflusst, wie Wissen weitergegeben wird. Die Globalisierung bietet sowohl Chancen als auch Herausforderungen für den interkulturellen Wissensaustausch. Durch die Förderung interkultureller Bildung und den Schutz kultureller Vielfalt können wir dazu beitragen, Ignoranz zu bekämpfen und eine aufgeklärtere und inklusivere Gesellschaft zu schaffen.

6. Religion und Unwissenheit

Religion hat in der Geschichte der Menschheit eine zentrale Rolle gespielt und beeinflusst bis heute viele Aspekte des Lebens, einschließlich der

Wissensvermittlung und der Bildung. In diesem Kapitel untersuchen wir, wie Religion sowohl zur Verbreitung von Wissen als auch zur Aufrechterhaltung von Unwissenheit beitragen kann. Wir betrachten die komplexen Beziehungen zwischen Religion, Bildung und Wissen sowie die Mechanismen, durch die religiöse Überzeugungen Ignoranz fördern oder verhindern können.

6.1. Religion als Quelle von Wissen

Religionen haben traditionell wichtige Rollen in der Vermittlung von Wissen und Werten gespielt:

- **Religiöse Bildung:** Viele Religionen haben umfangreiche Bildungssysteme entwickelt, um ihre heiligen Texte und Lehren zu vermitteln. Klöster, Kirchen, Moscheen und Tempel waren oft Zentren des Lernens und der Bildung, lange bevor säkulare Bildungssysteme entstanden.

- **Ethik und Moral:** Religionen bieten oft moralische und ethische Leitlinien, die das Verhalten der Gläubigen und die Gesellschaft insgesamt prägen. Diese Leitlinien können das soziale Zusammenleben fördern und moralisches Wissen verbreiten.

- **Wissenschaft und Philosophie:** In bestimmten historischen Perioden haben religiöse Institutionen die Wissenschaft und Philosophie gefördert. Im islamischen Goldenen Zeitalter beispielsweise unterstützten islamische Kalifate wissenschaftliche Forschung und bewahrten das Wissen der Antike.

6.2. Religion und die Förderung von Ignoranz

Trotz ihrer positiven Beiträge können Religionen auch zur Aufrechterhaltung von Ignoranz beitragen, insbesondere wenn religiöse Lehren dogmatisch interpretiert und hinterfragt werden:

- **Dogmatismus:** Dogmatische religiöse Überzeugungen, die nicht hinterfragt werden dürfen, können kritisches Denken und wissenschaftliche Untersuchungen hemmen. Dies kann dazu führen, dass Gläubige neue Informationen und alternative Perspektiven ablehnen.

- **Wissenschaftsleugnung:** In einigen Fällen lehnen religiöse Gruppen wissenschaftliche Erkenntnisse ab, die ihren Lehren widersprechen. Beispiele hierfür sind die Ablehnung der Evolutionstheorie durch einige christliche Fundamentalisten oder die Leugnung des Klimawandels durch bestimmte religiöse Gruppen.

- **Zensur und Kontrolle von Wissen:** Religiöse Institutionen haben in der Geschichte häufig die Kontrolle über Wissen ausgeübt und bestimmte Informationen zensiert. Die Inquisition der katholischen Kirche und die Verbrennung ketzerischer Schriften sind historische Beispiele hierfür.

- **Indoktrination:** Religiöse Erziehung kann in einigen Fällen zur Indoktrination führen, bei der kritisches Denken unterdrückt und bestimmte Überzeugungen ungefragt übernommen werden. Dies kann die geistige Offenheit einschränken und Ignoranz fördern.

7. Interaktion zwischen Religion und Bildung

Die Beziehung zwischen Religion und Bildung ist komplex und variiert je nach Kontext:

- **Religiöse Schulen:** Religiöse Bildungseinrichtungen spielen in vielen Gesellschaften eine wichtige Rolle. Sie können hochwertige Bildung bieten, gleichzeitig, aber auch religiöse Dogmen betonen und wissenschaftliche Erkenntnisse selektiv behandeln.

- **Säkularisierung von Bildung:** In säkularen Bildungssystemen wird versucht, Bildung von religiösen Einflüssen zu trennen. Dies kann dazu beitragen, kritisches Denken und wissenschaftliche Methoden zu fördern, kann aber auch Spannungen mit religiösen Gemeinschaften erzeugen.

- **Interreligiöser Dialog:** Interreligiöser Dialog und Bildung können helfen, Vorurteile und

Ignoranz gegenüber anderen Glaubensrichtungen abzubauen. Durch das Verständnis und die Wertschätzung verschiedener religiöser Traditionen können Wissenslücken geschlossen und kulturelle Sensibilität gefördert werden.

8. Religion und soziale Gerechtigkeit

Religionen können auch eine wichtige Rolle bei der Förderung sozialer Gerechtigkeit und der Bekämpfung von Ignoranz spielen:

- **Bildungsinitiativen:** Viele religiöse Organisationen setzen sich aktiv für die Bildung benachteiligter Gruppen ein. Sie gründen Schulen, bieten Stipendien an und unterstützen Bildungsprogramme in Entwicklungsländern.

- **Förderung von Frieden und Toleranz:** Religiöse Lehren, die

Frieden, Toleranz und Mitgefühl betonen, können dazu beitragen, soziale Ignoranz abzubauen und ein harmonischeres Zusammenleben zu fördern.

- **Ethik und soziale Verantwortung:** Religionen vermitteln oft Werte wie Nächstenliebe und soziale Verantwortung, die zur Bekämpfung von Ungerechtigkeit und zur Förderung des Gemeinwohls beitragen können.

Religion hat das Potenzial, sowohl Wissen zu verbreiten als auch Ignoranz zu fördern. Ihre Auswirkungen hängen stark davon ab, wie religiöse Lehren interpretiert und in der Bildung und Gesellschaft umgesetzt werden. Durch den Einsatz für eine offene, kritische und inklusive religiöse Bildung können die positiven Aspekte der Religion gestärkt und ihre negativen Auswirkungen minimiert werden. Ein respektvoller interreligiöser Dialog und die Förderung von Bildung für alle sind entscheidende Schritte, um Ignoranz zu bekämpfen und eine aufgeklärtere Gesellschaft zu schaffen.

9. Politische Manipulation

Politische Manipulation spielt eine bedeutende Rolle bei der Aufrechterhaltung und Verbreitung von Ignoranz. Regierungen und politische Akteure können Informationen kontrollieren, zensieren oder verzerren, um ihre Macht zu sichern und ihre Ziele zu erreichen. Dieses Kapitel untersucht die Mechanismen der politischen Manipulation und ihre Auswirkungen auf Wissen und Ignoranz.

9.1. Mechanismen der politischen Manipulation

Politische Akteure nutzen verschiedene Strategien, um Informationen zu kontrollieren und die öffentliche Meinung zu beeinflussen:

- **Zensur und Kontrolle von Medien:** Regierungen können den Zugang zu Informationen durch Zensur einschränken. Dies umfasst die Kontrolle von Medien, das Verbot bestimmter Publikationen und das Blockieren von Internetseiten. In autoritären Regimen ist die Medienzensur oft allgegenwärtig, um kritische Stimmen zu unterdrücken und die offizielle Propaganda zu verbreiten.

- **Propaganda:** Propaganda ist ein mächtiges Instrument zur Beeinflussung der öffentlichen Meinung. Durch die Verbreitung selektiver oder irreführender Informationen versuchen politische Akteure, die Wahrnehmung und das Verhalten der Bevölkerung zu steuern. Propaganda nutzt oft emotionale Appelle und einfache

Botschaften, um komplexe Themen zu vereinfachen und die Zustimmung zu bestimmten politischen Maßnahmen zu fördern.

- **Desinformation und Fake News:** Die Verbreitung falscher oder irreführender Informationen (Desinformation) ist eine weit verbreitete Methode, um Verwirrung zu stiften und das Vertrauen in unabhängige Medien zu untergraben. Fake News können gezielt eingesetzt werden, um politische Gegner zu diskreditieren oder die öffentliche Meinung zu polarisieren.

- **Manipulation von Bildungsinhalten:** Politische Akteure können auch das Bildungssystem beeinflussen, um bestimmte Ideologien zu fördern und andere zu unterdrücken. Dies kann durch die Änderung von Lehrplänen, die Kontrolle über Schulbücher und die Einschränkung der akademischen Freiheit geschehen.

9.2. Auswirkungen politischer Manipulation auf Ignoranz

Die politischen Manipulationstechniken haben tiefgreifende Auswirkungen auf die Wissenslandschaft einer Gesellschaft:

- **Verbreitung von Unwissenheit:** Durch die Kontrolle von Informationen können politische Akteure sicherstellen, dass bestimmte Wissenslücken bestehen bleiben oder geschaffen werden. Dies führt zu einer Bevölkerung, die nicht ausreichend informiert ist, um fundierte Entscheidungen zu treffen.

- **Unterdrückung kritischen Denkens:** Politische Manipulation fördert oft die Unterdrückung kritischen Denkens. Wenn Informationen zensiert oder verzerrt werden, fehlt den Menschen die Grundlage, um kritisch zu hinterfragen und alternative Perspektiven zu verstehen.

- **Polarisierung der Gesellschaft:** Desinformation und Propaganda können zur Polarisierung der Gesellschaft beitragen, indem sie gegensätzliche Gruppen schaffen, die unterschiedlichen Informationsquellen vertrauen. Dies kann zu einem tiefen Misstrauen zwischen diesen Gruppen führen und den sozialen Zusammenhalt gefährden.

- **Erhalt der Machtstrukturen:** Indem politische Akteure Ignoranz fördern, können sie ihre Macht und Kontrolle aufrechterhalten. Eine schlecht informierte Bevölkerung ist weniger wahrscheinlich in der Lage, gegen Ungerechtigkeiten und Machtmissbrauch zu protestieren.

9.3. Fallbeispiele politischer Manipulation

- **Totalitäre Regime:** In totalitären Regimen wie der Sowjetunion unter Stalin oder Nordkorea heute wird die Kontrolle von Informationen rigoros durchgesetzt. Medien und Bildungssysteme werden genutzt, um die offizielle Ideologie zu propagieren und jede Form von abweichender Meinung zu unterdrücken.

- **Demokratische Gesellschaften:** Auch in demokratischen Gesellschaften kann politische Manipulation vorkommen. Beispiele sind die Verbreitung von Fake News während Wahlkämpfen oder die Einflussnahme auf Medien durch wirtschaftliche und politische Interessen. Solche Praktiken können das Vertrauen in demokratische

Institutionen untergraben und die politische Teilhabe verringern.

9.4. Strategien zur Bekämpfung politischer Manipulation

Um die negativen Auswirkungen politischer Manipulation auf Wissen und Ignoranz zu bekämpfen, sind verschiedene Maßnahmen notwendig:

- **Medienkompetenz fördern:** Die Förderung von Medienkompetenz ist entscheidend, damit Menschen lernen, Informationen kritisch zu bewerten und Desinformation zu erkennen. Bildungsprogramme sollten diese Fähigkeiten in den Lehrplan integrieren.

- **Unabhängige Medien unterstützen:** Die Unterstützung unabhängiger und investigativer Medien ist wichtig, um eine freie und vielfältige Informationslandschaft zu gewährleisten. Dies kann durch rechtliche Schutzmaßnahmen und finanzielle Unterstützung geschehen.

- **Transparenz und Rechenschaftspflicht:** Regierungen und politische Institutionen sollten transparent und rechenschaftspflichtig handeln. Mechanismen wie Whistleblower-Schutz und unabhängige Aufsichtsgremien können helfen, Machtmissbrauch zu verhindern.

- **Förderung des kritischen Denkens:** Bildungssysteme sollten das kritische Denken fördern und Schüler dazu ermutigen, Informationen zu hinterfragen und verschiedene Perspektiven zu berücksichtigen.

Politische Manipulation ist ein mächtiges Werkzeug zur Aufrechterhaltung von Ignoranz. Durch Zensur, Propaganda,

Desinformation und die Kontrolle von Bildungsinhalten können politische Akteure die öffentliche Meinung beeinflussen und ihre Macht sichern. Die Bekämpfung dieser Manipulation erfordert einen ganzheitlichen Ansatz, der Medienkompetenz, unabhängige Medien, Transparenz und kritisches Denken fördert. Nur durch solche Maßnahmen kann eine informierte und aufgeklärte Gesellschaft entstehen, die in der Lage ist, gegen Ungerechtigkeiten und Machtmissbrauch aufzustehen.

Kapitel 3: Die Auswirkungen von Ignoranz

3.1. Zwischenmenschliche Beziehungen

Ignoranz kann tiefgreifende Auswirkungen auf zwischenmenschliche Beziehungen haben. Unwissenheit oder das bewusste Ignorieren bestimmter Informationen kann Missverständnisse, Vorurteile und Konflikte in persönlichen und sozialen Interaktionen fördern. In diesem Kapitel betrachten wir, wie Ignoranz zwischenmenschliche Beziehungen beeinflusst und wie Bildung und Bewusstseinsbildung dazu beitragen können, diese negativen Auswirkungen zu minimieren.

3.1.1. Auswirkungen von Ignoranz auf zwischenmenschliche Beziehungen

Ignoranz kann auf verschiedene Weisen zwischenmenschliche Beziehungen negativ beeinflussen:

- **Missverständnisse und Konflikte:** Fehlendes Wissen oder falsche Annahmen über andere Menschen können leicht zu Missverständnissen führen. Diese Missverständnisse können eskalieren und Konflikte verursachen, die auf falschen Informationen oder mangelndem Verständnis basieren.

- **Vorurteile und Diskriminierung:** Unwissenheit über kulturelle, ethnische oder soziale Hintergründe kann Vorurteile und Stereotypen verstärken. Diese Vorurteile führen oft zu diskriminierendem Verhalten, das Beziehungen belastet und gesellschaftliche Spaltungen vertieft.

- **Kommunikationsbarrieren:** Ignoranz kann auch Kommunikationsbarrieren schaffen. Wenn Menschen die Perspektiven oder Bedürfnisse anderer nicht verstehen, fällt es ihnen schwer, effektiv zu kommunizieren. Dies kann zu Frustration und Entfremdung führen.

- **Mangel an Empathie:** Unwissenheit kann die Fähigkeit zur Empathie beeinträchtigen. Wenn Menschen die Erfahrungen und Gefühle anderer nicht kennen oder verstehen, fällt es ihnen schwer, Mitgefühl zu zeigen und unterstützende Beziehungen aufzubauen.

3.1.2. Beispiele für die Auswirkungen von Ignoranz

- **Interkulturelle Beziehungen:** In interkulturellen Beziehungen können Unterschiede in Sprache, Traditionen und sozialen Normen zu Missverständnissen führen. Wenn Individuen nicht bereit sind, sich über die Kultur des anderen zu informieren und sie zu respektieren, können Spannungen entstehen und die Beziehung belasten.

- **Familienbeziehungen:** Innerhalb von Familien kann Ignoranz zu Generationenkonflikten führen. Ältere Generationen, die die Weltanschauungen und Erfahrungen der jüngeren Generationen nicht verstehen oder anerkennen, können ungewollt Spannungen erzeugen. Umgekehrt können junge Menschen das Wissen und die Erfahrungen der Älteren ignorieren und somit wertvolle Einsichten und Unterstützung verpassen.

- **Arbeitsplatzdynamik:** Am Arbeitsplatz kann Ignoranz gegenüber den Fähigkeiten und Beiträgen von Kollegen zu einem ungesunden Arbeitsumfeld führen. Diskriminierung aufgrund von Geschlecht, Rasse oder anderen Faktoren kann Teamarbeit und Produktivität beeinträchtigen.

3.1.3. Strategien zur Überwindung von Ignoranz in Beziehungen

Um die negativen Auswirkungen von Ignoranz auf zwischen-menschliche

Beziehungen zu reduzieren, sind verschiedene Ansätze erforderlich:

- **Bildung und Bewusstseinsbildung:** Bildung ist ein Schlüsselwerkzeug, um Wissen zu erweitern und Ignoranz zu bekämpfen. Schulische Bildung, Workshops und Sensibilisierungskampagnen können dazu beitragen, Menschen über verschiedene Kulturen, soziale Themen und die Bedeutung von Empathie zu informieren.

- **Förderung des interkulturellen Dialogs:** Der Austausch zwischen verschiedenen Kulturen und Gemeinschaften kann helfen, Missverständnisse abzubauen und gegenseitiges Verständnis zu fördern. Interkulturelle Programme und Veranstaltungen bieten Plattformen für diesen Dialog.

- **Aktives Zuhören und Kommunikation:** Effektive

Kommunikation erfordert aktives Zuhören und die Bereitschaft, die Perspektiven anderer zu verstehen. Durch das Schaffen eines offenen und respektvollen Dialogs können Missverständnisse reduziert und Beziehungen gestärkt werden.

- **Empathie und Mitgefühl kultivieren:** Empathie ist entscheidend für das Verständnis und die Unterstützung anderer Menschen. Bildungsprogramme und persönliche Entwicklung können helfen, empathische Fähigkeiten zu fördern und die emotionale Intelligenz zu stärken.

- **Selbstreflexion und Offenheit:** Individuen sollten ermutigt werden, ihre eigenen Vorurteile und Annahmen zu hinterfragen. Selbstreflexion und die Bereitschaft, neue Informationen und Perspektiven anzunehmen, sind entscheidend für das Wachstum und die Verbesserung zwischenmenschlicher Beziehungen.

Ignoranz hat tiefgreifende Auswirkungen auf zwischenmenschliche Beziehungen, indem sie Missverständnisse, Vorurteile, Kommunikationsbarrieren und einen Mangel an Empathie fördert.

Durch Bildung, interkulturellen Dialog, effektive Kommunikation und die Förderung von Empathie und Selbstreflexion können wir die negativen Auswirkungen von Ignoranz überwinden. Indem wir uns bemühen, Wissen zu erweitern und Verständnis zu fördern, können wir stärkere, unterstützende und harmonischere Beziehungen aufbauen und eine inklusivere Gesellschaft schaffen.

3.2. Berufliche Auswirkungen

Ignoranz am Arbeitsplatz kann erhebliche Auswirkungen auf die Dynamik, Effizienz und das Wohlbefinden der Mitarbeiter haben. Unwissenheit oder mangelndes Verständnis in Bezug auf verschiedene Aspekte des Arbeitslebens kann zu Fehlentscheidungen, Konflikten und einer unproduktiven Arbeitsumgebung führen. In diesem Kapitel betrachten wir die vielfältigen beruflichen Auswirkungen von Ignoranz und erörtern Strategien zur Förderung eines aufgeklärten und informierten Arbeitsumfelds.

3.2.1. Auswirkungen von Ignoranz auf die Arbeitsdynamik

Ignoranz kann die Arbeitsdynamik auf verschiedene Weise negativ beeinflussen:

- **Fehlentscheidungen:** Mangelndes Wissen oder falsche Annahmen können zu Fehlentscheidungen führen, die die Produktivität und Effizienz des Unternehmens beeinträchtigen. Führungskräfte, die sich nicht ausreichend informieren oder Expertenwissen ignorieren, setzen die Organisation unnötigen Risiken aus.

- **Konflikte am Arbeitsplatz:** Unwissenheit über kulturelle Unterschiede, persönliche Hintergründe oder Kommunikationsstile kann Missverständnisse und Konflikte zwischen Mitarbeitern verursachen. Solche Konflikte beeinträchtigen das Arbeitsklima und die Zusammenarbeit im Team.

- **Verringerte Innovation:** Ignoranz kann die Innovationsfähigkeit eines Unternehmens mindern. Wenn Mitarbeiter keine neuen Informationen oder Perspektiven einbringen oder wenn Führungskräfte innovative Ideen ignorieren, stagniert die kreative Entwicklung und die Wettbewerbsfähigkeit leidet.

- **Ungleichheiten und Diskriminierung:** Unwissenheit über Diversität und Inklusion kann zu unbewussten Vorurteilen und diskriminierenden Praktiken führen. Dies beeinträchtigt die Chancengleichheit und kann das Wohlbefinden und die Motivation betroffener Mitarbeiter reduzieren.

3.2.2. Beispiele für die beruflichen Auswirkungen von Ignoranz

- **Mangelnde technische Kompetenz:** In einer sich schnell entwickelnden technologischen Landschaft können Unkenntnis und mangelnde Bereitschaft zur Weiterbildung die Wettbewerbsfähigkeit eines Unternehmens beeinträchtigen. Mitarbeiter, die nicht über die neuesten Technologien und Best Practices informiert sind, können ineffizient arbeiten und den Fortschritt behindern.

- **Kulturelle Sensibilität:** In globalen Unternehmen können kulturelle Unterschiede eine Herausforderung darstellen. Unwissenheit oder Missverständnisse in Bezug auf kulturelle Normen und Werte können die internationale Zusammenarbeit erschweren und zu Fehleinschätzungen in Geschäftsverhandlungen führen.

- **Gesundheit und Sicherheit am Arbeitsplatz:** Unwissenheit über Sicherheitsvorschriften und -praktiken kann zu Arbeitsunfällen und gesundheitlichen Problemen führen. Ein unzureichendes Verständnis von Gesundheitsrisiken und Schutzmaßnahmen gefährdet die Sicherheit der Mitarbeiter und kann rechtliche Konsequenzen nach sich ziehen.

3.2.3. Strategien zur Bekämpfung von Ignoranz am Arbeitsplatz

Um die negativen Auswirkungen von Ignoranz im beruflichen Umfeld zu minimieren, können verschiedene Strategien verfolgt werden:

- **Fortbildung und Schulung:** Kontinuierliche Weiterbildung ist entscheidend, um Wissen auf dem neuesten Stand zu halten. Unternehmen sollten regelmäßige Schulungen und Fortbildungen anbieten, um Mitarbeiter über technologische Entwicklungen, Best Practices und aktuelle Branchenstandards zu informieren.

- **Förderung einer Lernkultur:** Eine Unternehmenskultur, die Lernen und Wissensaustausch fördert, kann helfen, Ignoranz zu bekämpfen. Dies umfasst die Schaffung von Lernplattformen, die Ermutigung zur Teilnahme an Konferenzen und Workshops sowie die Unterstützung von Mentoring-Programmen.

- **Diversität und Inklusion:** Unternehmen sollten Maßnahmen ergreifen, um Diversität und Inklusion zu fördern. Dies beinhaltet Schulungen zur Sensibilisierung für unbewusste Vorurteile, die Einrichtung von Diversitätsbeauftragten und die Schaffung eines inklusiven Arbeitsumfelds, in dem alle Mitarbeiter ihre Perspektiven einbringen können.

- **Offene Kommunikation:** Eine offene und transparente Kommunikation ist entscheidend, um

Missverständnisse zu vermeiden und ein konstruktives Feedback zu fördern. Führungskräfte sollten eine offene Tür-Politik pflegen und regelmäßige Meetings abhalten, um den Austausch von Informationen und Ideen zu fördern.

- **Gesundheit und Sicherheit:** Unternehmen sollten umfassende Programme zur Gesundheits- und Sicherheitsschulung implementieren. Dies umfasst regelmäßige Sicherheitsbriefings, die Bereitstellung von Schutzkleidung und Ausrüstung sowie die Schaffung eines Bewusstseins für gesundheits- und sicherheitsrelevante Themen.

Ignoranz am Arbeitsplatz kann weitreichende negative Folgen haben, die von Fehlentscheidungen und Konflikten bis hin zu Innovationshemmnissen und Diskriminierung reichen. Durch gezielte Fortbildung, die Förderung einer Lernkultur, Maßnahmen zur Diversität und Inklusion, offene Kommunikation und umfassende Gesundheits- und Sicherheitsprogramme können Unternehmen die negativen Auswirkungen von Ignoranz minimieren. Ein aufgeklärtes und informiertes Arbeitsumfeld trägt nicht nur zur Effizienz und Produktivität bei, sondern auch zur Zufriedenheit und Motivation der Mitarbeiter, was letztlich den langfristigen Erfolg des Unternehmens sichert.

3.3. Gesellschaftliche Dynamiken

Ignoranz in der Gesellschaft kann zu einer Vielzahl von Problemen führen, die von sozialer Ungerechtigkeit bis hin zu politischer Instabilität reichen. Unwissenheit über gesellschaftliche Herausforderungen, kulturelle Unterschiede und historische Zusammenhänge kann die soziale Kohäsion schwächen und das Vertrauen in politische Institutionen untergraben. In diesem Kapitel betrachten wir die komplexen gesellschaftlichen Dynamiken von Ignoranz und diskutieren Ansätze zur Förderung von Aufklärung und Verständnis.

3.3.1. Auswirkungen von Ignoranz auf gesellschaftliche Dynamiken

Ignoranz kann eine Vielzahl von negativen Auswirkungen auf die Gesellschaft haben:

- **Soziale Ungerechtigkeit:** Unwissenheit über soziale und wirtschaftliche Ungleichheiten kann dazu führen, dass diese Ungerechtigkeiten nicht erkannt oder adressiert werden. Dies verstärkt bestehende Ungleichheiten und erschwert den Zugang zu Chancen und Ressourcen für benachteiligte Bevölkerungsgruppen.

- **Politischer Extremismus:** Unkenntnis über politische Ideologien und gesellschaftliche Herausforderungen kann zu einem Anstieg des politischen Extremismus führen. Extremistische Gruppen nutzen oft Ignoranz aus, um Angst und Vorurteile zu schüren und ihre Agenda voranzutreiben.

- **Ethnische und kulturelle Konflikte:** Fehlendes Verständnis für die kulturellen und ethnischen Hintergründe anderer kann zu Vorurteilen und Spannungen zwischen verschiedenen Gruppen führen. Diese Spannungen können in Konflikten eskalieren, die die soziale Stabilität gefährden.

- **Verlust des Vertrauens in politische Institutionen:** Ignoranz über politische Prozesse und Entscheidungen kann das Vertrauen der Bevölkerung in politische Institutionen untergraben. Wenn Menschen das Gefühl haben, dass ihre Stimme nicht gehört wird oder dass politische Entscheidungen undurchsichtig sind, sinkt die Bereitschaft zur politischen Teilhabe.

3.3.2. Beispiele für gesellschaftliche Dynamiken von Ignoranz

- **Klimawandel:** Ignoranz über den Klimawandel und seine Auswirkungen kann zu Untätigkeit führen und die Anstrengungen zur Bekämpfung dieses drängenden Problems behindern. Wenn Menschen die wissenschaftlichen Fakten ignorieren oder leugnen, werden notwendige Maßnahmen zur Reduzierung von

Treibhausgasemissionen und zum Schutz der Umwelt verzögert.

- **Rassismus und Diskriminierung:** Unwissenheit über die historischen Wurzeln des Rassismus und die Auswirkungen von Diskriminierung kann dazu führen, dass Vorurteile aufrechterhalten werden und strukturelle Ungleichheiten fortbestehen. Eine mangelnde Sensibilität für rassistische Praktiken und ein fehlendes Bewusstsein für Privilegien können die Bemühungen um Gleichberechtigung behindern.

- **Desinformation in den Medien:** Ignoranz über die Verbreitung von Desinformation und Fake News kann dazu führen, dass Menschen falschen Informationen Glauben schenken und sich von manipulativen Narrativen beeinflussen lassen. Dies untergräbt die Integrität der öffentlichen Debatte und fördert die Spaltung der Gesellschaft.

3.3.3. Strategien zur Förderung von Aufklärung und Verständnis

Um die gesellschaftlichen Dynamiken von Ignoranz zu bekämpfen, sind verschiedene Maßnahmen erforderlich:

* **Bildung und Aufklärung:** Eine umfassende Bildung, die kritisches Denken und Informationskompetenz fördert, ist entscheidend, um Ignoranz zu bekämpfen. Schulen, Bildungsprogramme und öffentliche Kampagnen sollten dazu beitragen, ein breites Verständnis für gesellschaftliche Herausforderungen und komplexe Themen zu vermitteln.

* **Förderung von Empathie und Toleranz:** Programme zur Förderung

von Empathie, interkulturellem Verständnis und Toleranz können dazu beitragen, Vorurteile abzubauen und das Miteinander in vielfältigen Gemeinschaften zu stärken.

- **Kritische Medienkompetenz:** Die Förderung von Medienkompetenz und die Sensibilisierung für Desinformation sind entscheidend, um eine informierte Öffentlichkeit zu schaffen. Menschen sollten lernen, Nachrichtenquellen zu überprüfen, manipulative Techniken zu erkennen und alternative Perspektiven zu berücksichtigen.

- **Stärkung der politischen Teilhabe:** Maßnahmen zur Stärkung der politischen Teilhabe, wie z.B. die Förderung von Wahlen, die Unterstützung von Bürgerinitiativen und die Schaffung von Plattformen für öffentliche Diskussionen, können dazu beitragen, das Vertrauen in politische Institutionen wiederherzustellen und die demokratische Teilhabe zu fördern.

Ignoranz hat tiefgreifende Auswirkungen auf die gesellschaftliche Dynamik, indem sie soziale Ungerechtigkeit, politischen Extremismus, ethnische Konflikte und das Vertrauen in politische Institutionen beeinflusst. Durch Bildung, Aufklärung, Förderung von Empathie und Toleranz sowie die Stärkung der politischen Teilhabe können wir die negativen Auswirkungen von Ignoranz auf die Gesellschaft minimieren und eine informierte und engagierte Bürgerschaft fördern, die sich aktiv für positive Veränderungen einsetzt.

3.4. Nachrichtenmedien

Die Rolle der Nachrichtenmedien in der heutigen Gesellschaft ist von entscheidender Bedeutung für die Informierung der Öffentlichkeit und die Gestaltung von Meinungen. Ignoranz in den Medien kann jedoch zu einer

Verzerrung der Realität, zur Verbreitung von Desinformation und zur Schwächung der Demokratie führen. In diesem Kapitel betrachten wir die Auswirkungen von Ignoranz in den Nachrichtenmedien und diskutieren Möglichkeiten, eine verantwortungsvolle Berichterstattung und eine informierte Öffentlichkeit zu fördern.

3.4.1. Auswirkungen von Ignoranz in den Nachrichtenmedien

Ignoranz in den Nachrichtenmedien kann schwerwiegende Konsequenzen haben:

- **Verzerrte Realität:** Eine selektive Berichterstattung oder das Ignorieren wichtiger Fakten kann zu einer Verzerrung der Realität führen. Dies kann die öffentliche Wahrnehmung von Ereignissen und Themen verfälschen und das Vertrauen in die Medien untergraben.

- **Verbreitung von Desinformation:** Ignoranz oder Nachlässigkeit in Bezug auf die Überprüfung von Fakten kann dazu führen, dass Desinformation und Fake News verbreitet werden. Dies kann zu Verwirrung, Panik und politischer Manipulation führen.

- **Polarisierung der Öffentlichkeit:** Eine einseitige Berichterstattung oder die Ignoranz gegenüber gegensätzlichen Standpunkten kann zur Polarisierung der Öffentlichkeit beitragen. Menschen neigen dazu, Medienquellen auszuwählen, die ihre eigenen Ansichten bestätigen, was zu einem Echo-Kammer-Effekt führt, und die soziale Kohäsion schwächt.

- **Vertrauensverlust in die Medien:** Ignoranz oder Fehlinformationen in den Medien können das Vertrauen der Öffentlichkeit in journalistische Standards und ethische Prinzipien untergraben. Dies kann zu einem Rückgang der Glaubwürdigkeit von Nachrichtenorganisationen führen und die demokratische Diskussion erschweren.

3.4.2.   Beispiele für Ignoranz in den Nachrichtenmedien

- **Parteiliche Berichterstattung:** Nachrichtenorganisationen, die eine parteiische Agenda verfolgen, können dazu neigen, bestimmte Informationen zu ignorieren oder zu verzerrten Darstellungen zu neigen, um ihre politischen Überzeugungen zu unterstützen.

- **Fehlende Kontextualisierung:** Berichte, die wichtige Kontextinformationen ignorieren oder weglassen, können ein unvollständiges Bild eines Ereignisses oder einer Situation vermitteln und zu Fehlinterpretationen führen.

- **Übermäßige Sensationsberichterstattung:** Nachrichtenorganisationen, die sich auf sensationelle Schlagzeilen konzentrieren und wichtige Nachrichten ignorieren, können die öffentliche Aufmerksamkeit von relevanten Themen ablenken und zur Oberflächlichkeit der Berichterstattung beitragen.

3.4.3. Strategien zur Förderung verantwortungsvoller Berichterstattung

Um die negativen Auswirkungen von Ignoranz in den Nachrichtenmedien zu bekämpfen, können verschiedene Strategien verfolgt werden:

- **Förderung von Medienkompetenz:** Die Förderung von

Medienkompetenz ist entscheidend, damit Menschen lernen, Nachrichten kritisch zu hinterfragen und Desinformation zu erkennen. Schulen, Bildungsprogramme und öffentliche Kampagnen sollten die Fähigkeiten zur Medienanalyse und -bewertung fördern.

- **Stärkung des öffentlichen Rundfunks:** Öffentliche Rundfunkanstalten, die unabhängig von politischen und wirtschaftlichen Interessen agieren, spielen eine wichtige Rolle bei der Sicherstellung einer ausgewogenen und verantwortungsvollen Berichterstattung. Die Stärkung des öffentlichen Rundfunks und die Förderung von journalistischer Unabhängigkeit sind entscheidend für eine informierte Öffentlichkeit.

- **Förderung von Vielfalt und Inklusion:**

Nachrichtenorganisationen sollten Vielfalt und Inklusion in ihrer Berichterstattung fördern, indem sie eine breite Palette von Stimmen und Perspektiven einbeziehen. Dies trägt dazu bei, die Wahrnehmung von Minderheiten zu verbessern und die soziale Kohäsion zu stärken.

- **Transparenz und Korrekturmaßnahmen:** Nachrichtenorganisationen sollten transparent über ihre Arbeitsweise und ethischen Standards kommunizieren. Sie sollten auch effektive Mechanismen zur Korrektur von Fehl-informationen implementieren und transparent über Fehler berichten.

Ignoranz in den Nachrichtenmedien kann zu einer Verzerrung der Realität, zur Verbreitung von Desinformation und zur Polarisierung der Öffentlichkeit führen. Durch die Förderung von Medienkompetenz, die Stärkung des öffentlichen Rundfunks, die Förderung von Vielfalt und Inklusion sowie die Förderung von Transparenz und Korrekturmaßnahmen können Nachrichtenorganisationen dazu beitragen, eine informierte und aufgeklärte Öffentlichkeit zu schaffen.

Eine verantwortungsvolle Berichterstattung ist entscheidend für eine funktionierende Demokratie und eine informierte Bürgerschaft, die in der Lage ist, fundierte Entscheidungen zu treffen und eine aktive Rolle in der Gesellschaft zu spielen.

3.5. Soziale Netzwerke

Soziale Netzwerke haben in den letzten Jahren eine immer größere Rolle in der Informationsverbreitung und Meinungsbildung gespielt. Allerdings können sie auch ein Nährboden für Ignoranz, Desinformation und polarisierende Inhalte sein. In diesem Kapitel betrachten wir die Auswirkungen von Ignoranz in sozialen Netzwerken und diskutieren Ansätze zur Förderung einer informierten und verantwortungsvollen Nutzung dieser Plattformen.

3.5.1. Auswirkungen von Ignoranz in sozialen Netzwerken

Ignoranz in sozialen Netzwerken kann verschiedene negative Auswirkungen haben:

- **Verbreitung von Desinformation:** Soziale Netzwerke ermöglichen es Desinformationskampagnen, sich schnell und weit zu verbreiten. Falsche Informationen können viral werden und das öffentliche Bewusstsein über wichtige Themen verzerren.

- **Filterblasen und Echokammern:** Die Algorithmen sozialer Netzwerke neigen dazu, Nutzern Inhalte vorzuschlagen, die ihren bestehenden Ansichten entsprechen. Dies kann dazu führen, dass Menschen in

Filterblasen und Echokammern gefangen sind, in denen sie nur mit Meinungen konfrontiert werden, die ihre eigenen bestätigen.

- **Polarisierung und Konflikt:** Soziale Netzwerke können zur Polarisierung der Gesellschaft beitragen, indem sie extremistische Ansichten verstärken und die Spaltung zwischen verschiedenen Gruppen vertiefen. Dies kann zu Konflikten und Spannungen in der Gesellschaft führen.

- **Verlust des Vertrauens in Institutionen:** Die Verbreitung von Desinformation und polarisierenden Inhalten in sozialen Netzwerken kann das Vertrauen der Menschen in traditionelle Medien und politische Institutionen untergraben. Dies kann die demokratische Ordnung schwächen und die politische Stabilität gefährden.

3.5.2. Beispiele für Ignoranz in sozialen Netzwerken

- **Verbreitung von Verschwörungstheorien:** Soziale Netzwerke sind oft ein Ort, an dem Verschwörungstheorien und falsche Informationen verbreitet werden. Diese können schnell an Popularität gewinnen und das öffentliche Bewusstsein über bestimmte Themen beeinflussen.

- **Manipulation durch Bots und Fake-Accounts:** Bots und gefälschte Konten werden oft eingesetzt, um Desinformation zu verbreiten und die öffentliche Meinung zu manipulieren. Diese Konten können dazu verwendet werden, falsche Nachrichten zu verbreiten oder Diskussionen in sozialen Netzwerken zu beeinflussen.

- **Cyber-Mobbing und Hassrede:**
Soziale Netzwerke können auch
Plattformen für Cyber-Mobbing und
Hassrede sein. Anonymität und die
Möglichkeit, sich schnell und einfach
zu vernetzen, können dazu führen,
dass Menschen sich in beleidigender
oder bedrohlicher Weise verhalten.

3.5.3. Strategien zur Förderung einer informierten Nutzung von sozialen Netzwerken

Um die negativen Auswirkungen von
Ignoranz in sozialen Netzwerken zu
bekämpfen, können verschiedene
Strategien verfolgt werden:

- **Förderung von Medienkompetenz:**
Bildungsprogramme zur Förderung

von Medienkompetenz können Menschen dabei unterstützen, Desinformation zu erkennen und kritisch zu hinterfragen, was sie in sozialen Netzwerken sehen.

- **Transparenz und Verantwortlichkeit:** Soziale Netzwerke sollten transparent über ihre Algorithmen und Richtlinien zur Inhaltssortierung und -moderation informieren. Sie sollten auch verantwortlich für die Bekämpfung von Desinformation und die Entfernung schädlicher Inhalte sein.

- **Förderung von Vielfalt und Inklusion:** Soziale Netzwerke sollten sich für Vielfalt und Inklusion einsetzen, indem sie eine breite Palette von Stimmen und Perspektiven fördern. Dies kann dazu beitragen, Filterblasen und Echokammern zu durchbrechen und die soziale Kohäsion zu stärken.

- **Aktive Beteiligung und Gemeinschaftsaufbau:** Durch die Förderung von aktiver Beteiligung und dem Aufbau von Gemeinschaften können soziale Netzwerke dazu beitragen, positive Interaktionen zu fördern und die Verbreitung von Desinformation zu reduzieren.

Soziale Netzwerke spielen eine immer größere Rolle in der Informationsverbreitung und Meinungsbildung, können aber auch ein Nährboden für Ignoranz, Desinformation und polarisierende Inhalte sein.

Durch die Förderung von Medienkompetenz, Transparenz und Verantwortlichkeit, Vielfalt und Inklusion sowie aktive Beteiligung und Gemeinschaftsaufbau können soziale Netzwerke dazu beitragen, eine informierte und verantwortungsvolle Nutzung ihrer Plattformen zu fördern. Eine informierte und engagierte Bürgerschaft ist entscheidend für eine funktionierende Demokratie und eine inklusive Gesellschaft, die auf Wissen und Verständnis basiert.

3.6. Unterhaltung und Popkultur

Unterhaltung und Popkultur spielen eine bedeutende Rolle in der Gesellschaft, beeinflussen jedoch oft unsere Wahrnehmung von Realität und wichtigen Themen. Ignoranz in der Unterhaltungsindustrie kann zu Stereotypen, Vorurteilen und einem verzerrten Verständnis von komplexen sozialen Problemen führen. In diesem Kapitel betrachten wir die Auswirkungen von Ignoranz in der Unterhaltungsbranche und diskutieren Möglichkeiten, eine aufgeklärte und verantwortungsbewusste Darstellung von Themen zu fördern.

3.6.1. Auswirkungen von Ignoranz in der Unterhaltungsindustrie

Ignoranz in der Unterhaltungsindustrie kann verschiedene negative Auswirkungen haben:

- **Verstärkung von Stereotypen:** Unwissenheit über verschiedene kulturelle, ethnische oder soziale Gruppen kann dazu führen, dass Stereotypen und Vorurteile in der Unterhaltung verstärkt werden. Dies kann zu einer falschen oder vereinfachten Darstellung von diversen Identitäten führen.

- **Normalisierung problematischer Verhaltensweisen:** Ignoranz gegenüber gesellschaftlichen Problemen kann dazu führen, dass problematische Verhaltensweisen in der Unterhaltung normalisiert werden. Gewalt, Sexismus, Rassismus oder andere Formen von Diskriminierung können auf diese Weise verharmlost oder gerechtfertigt werden.

- **Fehlende Repräsentation und Diversität:** Wenn die Unterhaltungsindustrie ignoriert oder sich nicht bewusst ist über die Vielfalt von Identitäten und Lebenserfahrungen, kann dies zu einer einseitigen Darstellung von Charakteren und Geschichten führen. Menschen mit unterschiedlichen Hintergründen und Lebensrealitäten fühlen sich möglicherweise nicht repräsentiert oder respektiert.

- **Verschleierung wichtiger Themen:** Ignoranz über drängende soziale Probleme oder politische Kontroversen kann dazu führen, dass diese Themen in der Unterhaltung vermieden oder oberflächlich behandelt werden. Dadurch wird die Möglichkeit verpasst, wichtige Diskussionen anzuregen und zur Bewusstseinsbildung beizutragen.

3.6.2. Beispiele für Ignoranz in der

Unterhaltungsbranche

- **Mangelnde Vielfalt in der Besetzung:** Filme, Fernsehserien und andere Formen der Unterhaltung können eine begrenzte Vielfalt an Charakteren und Besetzungen aufweisen, was zu einer einseitigen Darstellung von Lebensrealitäten führt.

- **Verherrlichung von problematischem Verhalten:** In einigen Fällen werden problematische Verhaltensweisen wie Gewalt, Missbrauch oder Manipulation in der Unterhaltung verherrlicht oder romantisiert, ohne die damit verbundenen Konsequenzen angemessen zu reflektieren.

- **Stigmatisierung von mentalen Gesundheitsproblemen:** Ignoranz über psychische Gesundheit und psychische Störungen kann dazu führen, dass diese Themen in der Unterhaltung stigmatisiert oder falsch dargestellt werden, was zu einem Mangel an Verständnis und Empathie führt.

3.6.3. Strategien zur Förderung einer aufgeklärten Unterhaltungsindustrie

Um die negativen Auswirkungen von Ignoranz in der Unterhaltungsindustrie zu bekämpfen, können verschiedene Strategien verfolgt werden:

- **Förderung von Diversität und Repräsentation:** Die Unterhaltungsindustrie sollte sich aktiv für die Vielfalt von Stimmen und Perspektiven einsetzen, indem sie diverse Charaktere und Geschichten zeigt und vielfältige Talente unterstützt.

- **Sensibilisierung und Schulung:** Schauspieler, Regisseure, Drehbuchautoren und andere

Mitarbeiter der Unterhaltungsbranche
sollten in Bezug auf kulturelle
Sensibilität, Vielfalt und soziale
Probleme geschult werden, um eine
aufgeklärte Darstellung von Themen
sicherzustellen.

- **Verantwortungsvolle Darstellung
  von Problemen:** Die
  Unterhaltungsindustrie sollte
  verantwortungsbewusst mit
  problematischen Themen umgehen,
  indem sie die Konsequenzen von
  problematischem Verhalten reflektiert
  und dazu beiträgt, Bewusstsein für
  drängende soziale Probleme zu
  schaffen.

- **Einbeziehung von Experten und
  Betroffenen:** Die
  Unterhaltungsindustrie sollte
  Experten und Betroffene in den
  Entwicklungsprozess von Projekten
  einbeziehen, um sicherzustellen, dass

Themen angemessen und respektvoll behandelt werden.

Ignoranz in der Unterhaltungsindustrie kann zu Stereotypen, Vorurteilen und einer oberflächlichen Behandlung von wichtigen Themen führen.

Kapitel 4: Die Grenzen der menschlichen Erkenntnis

Trotz des Fortschritts in Wissenschaft, Technologie und Philosophie gibt es Grenzen für das, was die menschliche Erkenntnis erfassen kann. Diese Grenzen können sowohl durch die inhärente Begrenztheit des menschlichen Geistes als auch durch die inhärenten Begrenzungen des Universums selbst bestimmt sein. In diesem Kapitel werden wir die verschiedenen Aspekte der Grenzen der menschlichen Erkenntnis untersuchen und ihre Implikationen für unser Verständnis der Welt diskutieren.

4.1. Begrenzungen des

menschlichen
Verstandes

Die menschliche Fähigkeit, die Welt zu verstehen, ist begrenzt durch verschiedene Faktoren:

- **Kognitive Begrenzungen:** Der menschliche Verstand hat inhärente Grenzen in Bezug auf Kapazität, Aufmerksamkeitsspanne, Gedächtnis und kognitive Verzerrungen. Diese Begrenzungen können dazu führen, dass bestimmte Informationen übersehen, falsch interpretiert oder vergessen werden.

- **Sprachliche Begrenzungen:** Sprache ist ein Werkzeug zur Verständigung und Erkenntnis, aber sie hat auch ihre Grenzen. Nicht alle Konzepte lassen sich leicht in Worte fassen, und Sprache kann zu Missverständnissen oder Unschärfen führen.

- **Perspektivische Begrenzungen:** Jeder Mensch hat eine begrenzte Perspektive auf die Welt, die durch individuelle Erfahrungen, Werte und Überzeugungen geprägt ist. Diese persönlichen Perspektiven können dazu führen, dass Menschen die Welt auf unterschiedliche Weise wahrnehmen und interpretieren.

4.2. Begrenzungen des Universums

Das Universum selbst setzt ebenfalls Grenzen für menschliche Erkenntnis:

- **Quantenphänomene:** Auf quantenphysikalischer Ebene gibt es Phänomene, die sich unserer intuitiven Vorstellungskraft entziehen und schwer zu erfassen sind. Zum Beispiel verhält sich Materie auf quantenmechanischer Ebene oft anders als auf makroskopischer Ebene.

- **Kosmische Skalen:** Das Universum erstreckt sich über unvorstellbar große Skalen, von subatomaren Partikeln bis hin zu kosmischen Galaxien. Unser begrenztes Verständnis dieser Skalen kann es schwierig machen, bestimmte kosmische Phänomene vollständig zu erfassen.

- **Unbekannte Phänomene:** Es gibt wahrscheinlich Phänomene im Universum, die uns noch unbekannt sind oder deren Existenz wir noch nicht entdeckt haben. Diese unbekannten Phänomene stellen weitere Grenzen für unser Verständnis der Welt dar.

4.3. Implikationen für die menschliche Erkenntnis

Die Grenzen der menschlichen Erkenntnis haben verschiedene Implikationen:

- **Bescheidenheit:** Das Bewusstsein für unsere begrenzte Fähigkeit, die Welt zu verstehen, sollte Demut und Bescheidenheit in unserem Wissen fördern. Wir sollten bereit sein, unsere Überzeugungen zu überdenken und offen für neue Erkenntnisse zu sein.

- **Interdisziplinarität:** Angesichts der Komplexität der Welt ist eine interdisziplinäre Herangehensweise oft erforderlich, um ein umfassendes Verständnis zu entwickeln. Durch den Austausch von Wissen und Perspektiven aus verschiedenen Disziplinen können wir dazu beitragen, die Grenzen unserer Erkenntnis zu überwinden.

- **Weiterentwicklung des Wissens:** Die Anerkennung der Grenzen unserer Erkenntnis sollte uns nicht davon abhalten, unser Wissen und unser Verständnis der Welt kontinuierlich weiterzuentwickeln. Durch wissenschaftliche Forschung, kritisches Denken und offenen Austausch können wir dazu beitragen, die Grenzen unserer Erkenntnis zu erweitern.

4.4. Schlussfolgerung

Die Grenzen der menschlichen Erkenntnis sind real, aber sie sollten uns nicht entmutigen. Stattdessen sollten sie uns dazu ermutigen, bescheiden zu sein, interdisziplinär zu denken und kontinuierlich nach Erkenntnis zu streben. Durch die Anerkennung und Überwindung dieser Grenzen können wir unser Verständnis der Welt vertiefen und unsere Fähigkeit verbessern, die komplexen Phänomene des Universums zu erfassen.

Religiöse Informationen über den Menschen und das Universum sollten nicht übersehen werden, insbesondere im Heiligen Koran, der in wissenschaftlichen

Lehrplänen bewusst ignoriert wird. Der Heilige Koran enthält viele wissenschaftliche Referenzen, die zu unserem Verständnis des Universums beitragen können.

Kapitel 5: Politische Strategien zur Bewältigung von Wissenslücken

Wissenslücken können auf politischer Ebene erhebliche Auswirkungen haben, da sie die Fähigkeit einer Regierung beeinträchtigen können, fundierte Entscheidungen zu treffen und effektive Politik zu gestalten. In diesem Kapitel werden wir verschiedene politische Strategien untersuchen, die zur

Bewältigung von Wissenslücken eingesetzt werden können, um informierte Entscheidungsfindung und evidenzbasierte Politikgestaltung zu fördern.

5.1. Förderung von Bildung und Wissensvermittlung

Eine der wichtigsten politischen Strategien zur Bewältigung von Wissenslücken ist die Förderung von Bildung und Wissensvermittlung:

- **Investitionen in das Bildungssystem:** Regierungen können durch Investitionen in das Bildungssystem sicherstellen, dass Bürgerinnen und Bürger über die notwendigen Kenntnisse und Fähigkeiten verfügen, um informierte Entscheidungen zu treffen und sich aktiv am demokratischen Prozess zu beteiligen.

- **Förderung von Medienkompetenz:**
Durch die Förderung von Medienkompetenz können Bürgerinnen und Bürger lernen, Informationen kritisch zu hinterfragen, Desinformation zu erkennen und vertrauenswürdige Quellen von Informationen zu identifizieren.

5.2. Transparente und evidenzbasierte Politikgestaltung

Eine weitere wichtige politische Strategie ist die Förderung transparenter und evidenzbasierter Politikgestaltung:

- **Transparenz und Zugang zu Informationen:** Regierungen sollten transparent über politische Entscheidungsprozesse und Daten sein und Bürgerinnen und Bürgern den Zugang zu relevanten Informationen ermöglichen, damit sie die politischen Entscheidungen ihrer Regierung verstehen und bewerten können.

- **Evidenzbasierte Politikgestaltung:** Politische Entscheidungen sollten auf fundierten Beweisen und Daten basieren, um sicherzustellen, dass sie effektiv sind und die beabsichtigten Ergebnisse erzielen. Regierungen können evidenzbasierte Politikgestaltung fördern, indem sie Forschung und Evaluierung unterstützen und Expertenrat einholen.

5.3. Förderung von öffentlicher Beteiligung und Engagement

Eine weitere wichtige politische Strategie ist die Förderung von öffentlicher Beteiligung und Engagement:

- **Partizipative Entscheidungsfindung:** Regierungen können partizipative Entscheidungsfindungsprozesse implementieren, um sicherzustellen, dass Bürgerinnen und Bürger in politische Entscheidungen einbezogen werden und ihre Perspektiven und Bedenken berücksichtigt werden.

- **Zivilgesellschaftliche Organisationen und Bürgerinitiativen:** Zivilgesellschaftliche Organisationen und Bürgerinitiativen spielen eine wichtige Rolle bei der Aufklärung der Öffentlichkeit, der Förderung von politischem Bewusstsein und der Mobilisierung von Bürgerinnen und Bürgern für politische Veränderungen.

Die Bewältigung von Wissenslücken erfordert eine umfassende und koordinierte politische Strategie, die auf Bildung, transparenter und evidenzbasierter Politikgestaltung sowie öffentlicher Beteiligung und Engagement basiert. Durch die Implementierung dieser Strategien können Regierungen dazu beitragen, die Wissenslücken in der Bevölkerung zu verringern und eine informierte und engagierte Bürgerschaft zu fördern, die aktiv am demokratischen Prozess teilnimmt.

Kapitel 6: Ignoranz und Macht
Politische Strategien zur Bewältigung von

Herausforderungen

Ignoranz und Macht können in der Politik eine gefährliche Kombination sein, da sie die Möglichkeit für Missbrauch und Manipulation schaffen können. In diesem Kapitel werden wir die Verbindung zwischen Ignoranz und Macht untersuchen und politische Strategien zur Bewältigung dieser Herausforderungen diskutieren.

6.1. Identifizierung und Bekämpfung von Desinformation

Eine der wichtigsten politischen Strategien zur Bewältigung von Ignoranz und Macht ist die Identifizierung und Bekämpfung von Desinformation:

- **Förderung von Medienkompetenz:** Durch die Förderung von Medienkompetenz können Bürgerinnen und Bürger lernen, Desinformation zu erkennen, kritisch zu hinterfragen und vertrauenswürdige Quellen von Informationen zu identifizieren.

- **Faktencheck und Aufklärungskampagnen:** Regierungen können Faktencheck-Initiativen und Aufklärungskampagnen starten, um falsche Informationen zu korrigieren und die Öffentlichkeit über die Gefahren von Desinformation aufzuklären.

6.2. Stärkung demokratischer Institutionen und Werte

Eine weitere wichtige politische Strategie ist die Stärkung demokratischer Institutionen und Werte:

- **Pressefreiheit und Meinungsfreiheit:** Regierungen sollten die Pressefreiheit und

Meinungsfreiheit schützen und fördern, um sicherzustellen, dass verschiedene Perspektiven und Standpunkte gehört werden und politische Macht nicht missbraucht wird, um Informationen zu kontrollieren oder zu zensieren.

- **Unabhängige Justiz und Checks and Balances:** Die Schaffung eines unabhängigen Justizsystems und die Einrichtung von Checks and Balances zwischen den verschiedenen Zweigen der Regierung können dazu beitragen, Machtmissbrauch und Autoritarismus zu verhindern.

6.3. Förderung von Transparenz und Rechenschaftspflicht

Eine weitere wichtige politische Strategie ist die Förderung von Transparenz und Rechenschaftspflicht:

- **Offenlegung von Regierungsdaten:** Regierungen sollten transparent über politische Entscheidungsprozesse und Daten sein und Bürgerinnen und Bürgern den Zugang zu relevanten Informationen ermöglichen, damit sie die politischen Entscheidungen ihrer Regierung verstehen und bewerten können.

- **Unabhängige Überwachungs- und Aufsichtsmechanismen:** Die Einrichtung unabhängiger Überwachungs- und Aufsichtsmechanismen kann dazu beitragen, Korruption und Machtmissbrauch aufzudecken und die Regierung zur Rechenschaft zu ziehen.

Ignoranz und Macht können in der Politik gefährliche Auswirkungen haben, aber durch gezielte politische Strategien können diese Herausforderungen bewältigt werden. Durch die Identifizierung und Bekämpfung von Desinformation, die Stärkung demokratischer Institutionen und Werte sowie die Förderung von Transparenz und Rechenschaftspflicht können Regierungen dazu beitragen, die Machtbalance wiederherzustellen und die politische Teilhabe und das Vertrauen in die Regierung zu stärken.

Kapitel 7: Wirtschaftliche Interessen und politische Strategien

Wirtschaftliche Interessen können einen erheblichen Einfluss auf politische Entscheidungsprozesse haben und dabei die Interessen der breiten Bevölkerung überschatten. In diesem Kapitel werden wir die Dynamik zwischen wirtschaftlichen Interessen und politischer Macht untersuchen und politische Strategien diskutieren, um sicherzustellen, dass politische

Entscheidungen im öffentlichen Interesse getroffen werden.

7.1. Transparenz und Offenlegung von Interessenkonflikten

Eine der wichtigsten politischen Strategien zur Bewältigung wirtschaftlicher Interessen ist die Förderung von Transparenz und die Offenlegung von Interessenkonflikten:

1. **Offenlegung von Lobbytätigkeiten:** Regierungen können die Offenlegung von Lobbytätigkeiten und finanziellen Interessen von Politikern und Entscheidungsträgern fordern, um potenzielle Interessenkonflikte aufzudecken und sicherzustellen, dass politische Entscheidungen transparent und im öffentlichen Interesse getroffen werden.

2. **Regelungen zur Vermeidung von Interessenkonflikten:** Die

Einführung strenger Regelungen zur Vermeidung von Interessenkonflikten kann dazu beitragen, den Einfluss wirtschaftlicher Interessen auf politische Entscheidungen zu begrenzen und sicherzustellen, dass politische Entscheidungen auf der Grundlage des öffentlichen Interesses getroffen werden.

7.2. Stärkung der Regulierung und Überwachung

Eine weitere wichtige politische Strategie ist die Stärkung der Regulierung und Überwachung wirtschaftlicher Interessen:

1. **Stärkung der Regulierung von Lobbytätigkeiten:** Regierungen können die Regulierung von Lobbytätigkeiten stärken, um sicherzustellen, dass Lobbygruppen und Interessenvertreter transparent handeln und keine unangemessenen

Einflussversuche auf politische Entscheidungen unternehmen.

2. **Unabhängige Aufsichtsbehörden:** Die Einrichtung unabhängiger Aufsichtsbehörden kann dazu beitragen, den Einfluss wirtschaftlicher Interessen auf politische Entscheidungen zu überwachen und sicherzustellen, dass politische Entscheidungen im öffentlichen Interesse getroffen werden.

7.3. Förderung von öffentlichem Engagement und Transparenz

Eine weitere wichtige politische Strategie ist die Förderung von öffentlichem Engagement und Transparenz:

1. **Bürgerbeteiligung und öffentliche Konsultationen:** Regierungen sollten Mechanismen zur Bürgerbeteiligung

und öffentlichen Konsultationen einrichten, um sicherzustellen, dass die Stimmen der Bürgerinnen und Bürger gehört werden und politische Entscheidungen im Einklang mit ihren Bedürfnissen und Interessen stehen.

2. **Transparenz von Regierungsentscheidungen:** Regierungen sollten transparent über politische Entscheidungsprozesse und die Gründe für getroffene Entscheidungen informieren, um das Vertrauen der Öffentlichkeit in die Regierung zu stärken und sicherzustellen, dass politische Entscheidungen im öffentlichen Interesse getroffen werden.

Wirtschaftliche Interessen können einen erheblichen Einfluss auf politische Entscheidungsprozesse haben, aber durch gezielte politische Strategien können diese Herausforderungen bewältigt werden. Durch die Förderung von Transparenz und Offenlegung von

Interessenkonflikten, die Stärkung der Regulierung und Überwachung wirtschaftlicher Interessen sowie die Förderung von öffentlichem Engagement und Transparenz können Regierungen dazu beitragen, sicherzustellen, dass politische Entscheidungen im öffentlichen Interesse getroffen werden und nicht von wirtschaftlichen Interessen beeinflusst werden.

Kapitel 8: Institutionelle Manipulation und demokratische Resilienz

Institutionelle Manipulation kann verschiedene Formen annehmen, von der Beeinflussung politischer Entscheidungsprozesse bis hin zur Untergrabung demokratischer Institutionen. In diesem Kapitel werden wir die Herausforderungen der institutionellen Manipulation untersuchen und politische Strategien diskutieren, um die demokratische Resilienz zu stärken und die Integrität politischer Institutionen zu schützen.

8.1. Schutz der Unabhängigkeit demokratischer Institutionen

Eine der wichtigsten politischen Strategien zur Bewältigung institutioneller Manipulation ist der Schutz der Unabhängigkeit demokratischer Institutionen:

- **Unabhängige Justiz:** Regierungen sollten die Unabhängigkeit der Justiz sicherstellen und sicherstellen, dass Gerichte frei von politischem Einfluss sind und gerechte und unparteiische Entscheidungen treffen können.

- **Unabhängige Wahlkommissionen:** Die Einrichtung unabhängiger Wahlkommissionen kann dazu beitragen, die Integrität von Wahlen zu schützen und sicherzustellen, dass Wahlen frei und fair sind.

8.2. Stärkung der Rechtsstaatlichkeit

Eine weitere wichtige politische Strategie ist die Stärkung der Rechtsstaatlichkeit:

- **Achtung der Menschenrechte und Grundfreiheiten:** Regierungen sollten die Menschenrechte und Grundfreiheiten respektieren und schützen, um sicherzustellen, dass alle Bürgerinnen und Bürger gleichbehandelt werden und vor Machtmissbrauch geschützt sind.

- **Bekämpfung von Korruption:** Die Bekämpfung von Korruption ist entscheidend für die Stärkung der Rechtsstaatlichkeit und die Sicherstellung, dass politische Entscheidungen im öffentlichen Interesse getroffen werden und nicht von persönlichen oder finanziellen Interessen beeinflusst werden.

8.3. Förderung von Medienfreiheit und Pressevielfalt

Eine weitere wichtige politische Strategie ist die Förderung von Medienfreiheit und Pressevielfalt:

- **Medienpluralismus:** Regierungen sollten den Medienpluralismus fördern und sicherstellen, dass eine

Vielzahl von Medienorganisationen und -Plattformen existieren und verschiedene Perspektiven und Standpunkte vertreten werden.

- **Schutz von Journalistinnen und Journalisten:** Regierungen sollten Journalistinnen und Journalisten vor Einschüchterung, Bedrohung und Gewalt schützen und sicherstellen, dass sie frei und sicher arbeiten können, um die Öffentlichkeit über politische Angelegenheiten zu informieren.

Institutionelle Manipulation kann eine ernsthafte Bedrohung für demokratische Institutionen darstellen, aber durch gezielte politische Strategien kann die demokratische Resilienz gestärkt und die Integrität politischer Institutionen geschützt werden. Durch den Schutz der Unabhängigkeit demokratischer Institutionen, die Stärkung der Rechtsstaatlichkeit und die Förderung von Medienfreiheit und Pressevielfalt können Regierungen dazu beitragen, sicherzustellen, dass politische Entscheidungen im öffentlichen Interesse getroffen werden, und die demokratischen Prinzipien und Werte respektiert werden.

Kapitel 9: Bildung und Aufklärung als Schlüssel zur Stärkung der Demokratie

Bildung und Aufklärung spielen eine entscheidende Rolle bei der Stärkung der Demokratie, da sie die Grundlage für informierte Bürgerinnen und Bürger bilden, die aktiv am demokratischen Prozess teilnehmen können. In diesem Kapitel werden wir die Bedeutung von Bildung und Aufklärung für die Demokratie untersuchen und politische Strategien diskutieren, um den Zugang zu Bildung und Aufklärung zu verbessern und die demokratische Teilhabe zu fördern.

9.1 Förderung von Bildung und Medienkompetenz

Eine der wichtigsten politischen Strategien ist die Förderung von Bildung und Medienkompetenz:

- **Investitionen in das Bildungssystem:** Regierungen sollten in das Bildungssystem investieren, um sicherzustellen, dass alle Bürgerinnen und Bürger Zugang zu hochwertiger Bildung haben, die sie zu informierten und engagierten Bürgern macht.

- **Förderung von Medienkompetenz:** Durch die Förderung von Medienkompetenz können Bürgerinnen und Bürger lernen, Informationen kritisch zu hinterfragen, Desinformation zu erkennen und vertrauenswürdige

Quellen von Informationen zu identifizieren.

9.2 Stärkung der politischen Bildung und Bürgerbeteiligung

Eine weitere wichtige politische Strategie ist die Stärkung der politischen Bildung und Bürgerbeteiligung:

- **Integration von politischer Bildung in Lehrpläne:** Regierungen sollten politische Bildung in Lehrpläne integrieren, um sicherzustellen, dass Schülerinnen und Schüler die Grundlagen der Demokratie verstehen und lernen, wie sie sich aktiv am demokratischen Prozess beteiligen können.

- **Förderung von Bürgerbeteiligung:** Regierungen sollten Mechanismen zur Bürgerbeteiligung einrichten, wie z.B. Bürgerforen, öffentliche

Konsultationen und Bürgerinitiativen, um sicherzustellen, dass die Stimmen der Bürgerinnen und Bürger gehört werden und in politische Entscheidungen einfließen.

9.3 Zugang zu Informationen und Transparenz

Eine weitere wichtige politische Strategie ist der Zugang zu Informationen und Transparenz:

- **Transparenz von Regierungsentscheidungen:** Regierungen sollten transparent über politische Entscheidungsprozesse und die Gründe für getroffene Entscheidungen informieren, um das Vertrauen der Öffentlichkeit in die Regierung zu stärken und sicherzustellen, dass politische

Entscheidungen im öffentlichen Interesse getroffen werden.

- **Öffentlicher Zugang zu Informationen:** Regierungen sollten den öffentlichen Zugang zu Informationen fördern, indem sie Informationen öffentlich zugänglich machen und sicherstellen, dass Bürgerinnen und Bürger leicht auf relevante Daten und Dokumente zugreifen können.

Bildung und Aufklärung sind entscheidende Voraussetzungen für die Stärkung der Demokratie und die Förderung der demokratischen Teilhabe.

Durch die Förderung von Bildung und Medienkompetenz, die Stärkung der politischen Bildung und Bürgerbeteiligung sowie den Zugang zu Informationen und Transparenz können Regierungen dazu beitragen, informierte und engagierte Bürgerinnen und Bürger zu schaffen, die aktiv am demokratischen Prozess

teilnehmen und zur Stärkung der
Demokratie beitragen.

Kapitel 10: Förderung des kritischen Denkens für eine informierte Gesellschaft

Kritisches Denken ist eine entscheidende Fähigkeit für eine informierte Gesellschaft, da es den Menschen ermöglicht, Informationen zu analysieren, zu bewerten und fundierte Entscheidungen zu treffen. In diesem Kapitel werden wir die Bedeutung der Förderung des kritischen Denkens untersuchen und politische Strategien diskutieren, um kritisches Denken in der Gesellschaft zu fördern.

10.1. Integration von kritischem Denken in Lehrpläne

Eine der wichtigsten politischen Strategien ist die Integration von kritischem Denken in Lehrpläne:

- **Curriculare Anpassungen:** Regierungen sollten curriculare Anpassungen vornehmen, um kritisches Denken als feste Komponente in Bildungsprogrammen zu integrieren, beginnend in der Grundschule bis hin zur Hochschulbildung.

- **Lehrerfortbildung:** Regierungen sollten Lehrerfortbildungen und -ressourcen bereitstellen, um Pädagogen dabei zu unterstützen, kritisches Denken effektiv zu vermitteln und zu fördern.

10.2. Förderung von Medienkompetenz und Informationskompetenz

Eine weitere wichtige politische Strategie ist die Förderung von Medienkompetenz und Informationskompetenz:

- **Medienkompetenzprogramme:**
  Regierungen sollten
  Medienkompetenzprogramme
  entwickeln und unterstützen, um
  Bürgerinnen und Bürger dabei zu
  unterstützen, Informationen kritisch
  zu hinterfragen, Desinformation zu
  erkennen und vertrauenswürdige
  Quellen von Informationen zu
  identifizieren.

- **Informationskompetenz in der
  Bildung:** Informationskompetenz
  sollte als wichtiger Bestandteil der
  Bildung betrachtet werden, um
  sicherzustellen, dass Bürgerinnen und
  Bürger die Fähigkeiten entwickeln,
  relevante Informationen zu finden, zu
  bewerten und zu nutzen.

10.3. Förderung von Debattenkultur und kritischem Diskurs

Eine weitere wichtige politische Strategie ist die Förderung von Debattenkultur und kritischem Diskurs:

1. **Schaffung von Diskussionsforen:** Regierungen können Diskussionsforen und öffentliche Debatten organisieren, um einen offenen und respektvollen kritischen Diskurs über wichtige gesellschaftliche Themen zu fördern.

2. **Unterstützung von kritischem Journalismus:** Regierungen sollten den kritischen Journalismus unterstützen und sicherstellen, dass Journalistinnen und Journalisten die Freiheit haben, unabhängig zu recherchieren und kritisch über politische Angelegenheiten zu berichten.

Die Förderung des kritischen Denkens ist entscheidend für eine informierte Gesellschaft und eine funktionierende Demokratie. Durch die Integration von kritischem Denken in Lehrpläne, die

Förderung von Medienkompetenz und Informationskompetenz sowie die Unterstützung von Debattenkultur und kritischem Diskurs können Regierungen dazu beitragen, kritisches Denken in der Gesellschaft zu fördern und eine informierte und engagierte Bürgerschaft zu schaffen.

Kapitel 11: Kommunikationsstrategien zur Förderung von Bildung und kritischem Denken

Effektive Kommunikation spielt eine entscheidende Rolle bei der Förderung von Bildung und kritischem Denken in der Gesellschaft. In diesem Kapitel werden wir die Bedeutung von Kommunikationsstrategien zur Förderung dieser Ziele untersuchen und politische Strategien diskutieren, um die Kommunikation zu verbessern und die Bürgerinnen und Bürger zu informierten und kritischen Denkern zu machen.

11.1. Klare und verständliche Kommunikation

Eine der wichtigsten politischen Strategien ist die Förderung klarer und verständlicher Kommunikation:

- **Verständliche Sprache:** Regierungen sollten Informationen in verständlicher Sprache bereitstellen, die für ein breites Publikum zugänglich ist und keine Fachkenntnisse erfordert.

- **Verwendung von Visualisierungen:** Die Verwendung von Grafiken, Diagrammen und anderen visuellen Darstellungen kann helfen, komplexe

Informationen verständlicher zu machen und das Verständnis zu verbessern.

11.2. Förderung von öffentlichen Diskussionen und Debatten

Eine weitere wichtige politische Strategie ist die Förderung von öffentlichen Diskussionen und Debatten:

- **Diskussionsforen:** Regierungen können Diskussionsforen und öffentliche Debatten organisieren, um den Austausch von Ideen und Meinungen zu wichtigen gesellschaftlichen Themen zu fördern.

- **Unterstützung von Bürgerinitiativen:** Regierungen sollten Bürgerinitiativen unterstützen, die sich für den offenen Austausch von Ideen und die Förderung von kritischem Denken einsetzen.

-

11.3. Nutzung digitaler Medien und Technologien

Eine weitere wichtige politische Strategie ist die Nutzung digitaler Medien und Technologien:

- **Online-Plattformen:** Regierungen können Online-Plattformen nutzen, um Informationen bereitzustellen und den Austausch von Ideen und Meinungen zu fördern.

- **Social Media:** Social Media kann als Instrument genutzt werden, um

Bürgerinnen und Bürger zu erreichen und sie zur Teilnahme an Diskussionen und Debatten zu ermutigen.

Effektive Kommunikationsstrategien sind entscheidend für die Förderung von Bildung und kritischem Denken in der Gesellschaft. Durch die Förderung klarer und verständlicher Kommunikation, die Unterstützung von öffentlichen Diskussionen und Debatten und die Nutzung digitaler Medien und Technologien können Regierungen dazu beitragen, eine informierte und engagierte Bürgerschaft zu schaffen, die kritisch denkt und aktiv am demokratischen Prozess teilnimmt.

Kapitel 12: Technologische Entwicklungen und ihre Auswirkungen auf Bildung und kritisches Denken

Technologische Entwicklungen haben das Potenzial, Bildung und kritisches Denken in der Gesellschaft zu transformieren. In diesem Kapitel werden wir die Auswirkungen technologischer Entwicklungen auf Bildung und kritisches Denken untersuchen und politische Strategien diskutieren, um die Chancen dieser Entwicklungen zu nutzen und die Herausforderungen zu bewältigen.

12.1. Einsatz von E-Learning und Online-Ressourcen

Eine der wichtigsten politischen Strategien ist der Einsatz von E-Learning und Online-Ressourcen:

- **Online-Kurse und Lernplattformen:** Regierungen können den Einsatz von Online-Kursen und Lernplattformen fördern, um Bildung für alle zugänglicher zu machen und individuelles Lernen zu ermöglichen.

- **Open Educational Resources (OER):** Die Förderung von Open

Educational Resources kann dazu beitragen, Bildungsinhalte frei zugänglich zu machen und die Entwicklung von innovativen Lehr- und Lernmaterialien zu unterstützen.

12.2. Förderung von digitaler Medienkompetenz

Eine weitere wichtige politische Strategie ist die Förderung von digitaler Medienkompetenz:

- **Digitale Bildung:** Regierungen sollten digitale Bildung in Lehrpläne integrieren, um Schülerinnen und Schüler auf die Nutzung digitaler Medien vorzubereiten und ihnen die Fähigkeiten zu vermitteln, Informationen kritisch zu hinterfragen und zu bewerten.

- **Cyberhygiene und Datenschutz:**
Die Förderung von Cyberhygiene und
Datenschutz ist entscheidend, um
Bürgerinnen und Bürger vor den
Gefahren des Internets zu schützen
und sicherzustellen, dass sie sicher
online navigieren können.

12.3. Einsatz von KI und Big Data in der Bildung

Eine weitere wichtige politische Strategie
ist der Einsatz von Künstlicher Intelligenz
(KI) und Big Data in der Bildung:

- **Personalisiertes Lernen:** KI kann
dazu beitragen, personalisiertes
Lernen zu ermöglichen, indem sie
Lehr- und Lernprozesse an die
individuellen Bedürfnisse und
Lernstile der Schülerinnen und
Schüler anpasst.

- **Analyse großer Datenmengen:** Durch die Analyse großer Datenmengen können Regierungen Einblicke in Bildungstrends und -muster gewinnen und fundierte politische Entscheidungen treffen, um Bildungssysteme zu verbessern.

Technologische Entwicklungen bieten immense Chancen für die Verbesserung von Bildung und kritischem Denken in der Gesellschaft. Durch den Einsatz von E-Learning und Online-Ressourcen, die Förderung von digitaler Medienkompetenz und den gezielten Einsatz von KI und Big Data in der Bildung können Regierungen dazu beitragen, Bildung für alle zugänglicher zu machen und die Fähigkeiten der Bürgerinnen und Bürger zu stärken, Informationen kritisch zu hinterfragen und zu bewerten.

Es ist jedoch wichtig, dass diese Technologien sorgfältig eingesetzt werden, um sicherzustellen, dass sie die demokratischen Werte und Prinzipien respektieren und die Chancenungleichheit nicht weiter verstärken.

Kapitel 13: Bewältigung globaler Herausforderungen durch Bildung und kritisches Denken

Globale Herausforderungen wie der Klimawandel, soziale Ungleichheit und politische Instabilität erfordern eine informierte und engagierte Bürgerschaft, die in der Lage ist, komplexe Probleme zu verstehen und konstruktive Lösungen zu entwickeln. In diesem Kapitel werden wir die Rolle von Bildung und kritischem Denken bei der Bewältigung globaler

Herausforderungen untersuchen und politische Strategien diskutieren, um diese Ziele zu erreichen.

13.1. Bildung für nachhaltige Entwicklung

Eine der wichtigsten politischen Strategien ist die Förderung von Bildung für nachhaltige Entwicklung:

- **Integration von Nachhaltigkeit in Lehrpläne:** Regierungen sollten Nachhaltigkeit als Querschnittsthema in Lehrpläne integrieren, um sicherzustellen, dass Schülerinnen und Schüler die Zusammenhänge zwischen ökologischen, sozialen und wirtschaftlichen Aspekten verstehen.

- **Förderung von Umweltbildung:** Umweltbildung kann dazu beitragen, das Bewusstsein für Umweltprobleme zu schärfen und Bürgerinnen und

Bürger zu ermächtigen, sich für nachhaltige Lösungen einzusetzen.

13.2. Förderung von interkulturellem Verständnis und globaler Zusammenarbeit

Eine weitere wichtige politische Strategie ist die Förderung von interkulturellem Verständnis und globaler Zusammenarbeit:

- **Interkulturelles Lernen:** Regierungen sollten interkulturelles Lernen fördern, um das Verständnis und die Wertschätzung für kulturelle Vielfalt zu stärken und den Dialog zwischen verschiedenen Kulturen zu fördern.

- **Internationale Austauschprogramme:** Internationale Austauschprogramme können dazu beitragen, den Horizont der Schülerinnen und Schüler zu erweitern und ihnen die Möglichkeit zu geben, neue Perspektiven und Erfahrungen zu sammeln.

13.3. Förderung von Bürgerbeteiligung und politischem Engagement

Eine weitere wichtige politische Strategie ist die Förderung von Bürgerbeteiligung und politischem Engagement:

- **Stärkung der Zivilgesellschaft:** Regierungen sollten die Stärkung der Zivilgesellschaft unterstützen, indem sie Bürgerinnen und Bürger dazu ermutigen, sich für politische

Veränderungen einzusetzen und sich aktiv am demokratischen Prozess zu beteiligen.

- **Förderung von politischem Bewusstsein:** Regierungen sollten Programme zur Förderung des politischen Bewusstseins entwickeln, um Bürgerinnen und Bürger über ihre Rechte und Verantwortlichkeiten aufzuklären und sie dazu zu ermutigen, sich für die Belange ihrer Gemeinschaft einzusetzen.

Bildung und kritisches Denken spielen eine entscheidende Rolle bei der Bewältigung globaler Herausforderungen. Durch die Förderung von Bildung für nachhaltige Entwicklung, die Stärkung von interkulturellem Verständnis und globaler Zusammenarbeit sowie die Förderung von Bürgerbeteiligung und politischem Engagement können Regierungen dazu beitragen, eine informierte und engagierte Bürgerschaft zu schaffen, die in der Lage ist, sich aktiv für eine nachhaltige und gerechte Zukunft einzusetzen.

Es ist wichtig, dass diese Strategien ganzheitlich angegangen werden und in enger Zusammenarbeit mit der Zivilgesellschaft, dem Bildungssektor und anderen relevanten Akteuren umgesetzt werden.

Kapitel 14: Eine Vision für eine aufgeklärte Zukunft

Eine aufgeklärte Zukunft ist eine, in der Bildung und kritisches Denken die Grundpfeiler der Gesellschaft sind, in der Bürgerinnen und Bürger informiert, engagiert und fähig sind, die Herausforderungen unserer Zeit zu verstehen und konstruktive Lösungen zu entwickeln. In diesem abschließenden Kapitel werden wir eine Vision für eine aufgeklärte Zukunft entwerfen und die Schritte diskutieren, die unternommen werden müssen, um diese Vision zu verwirklichen.

14.1. Eine Gesellschaft des kritischen Denkens

In einer aufgeklärten Zukunft ist kritisches Denken weit verbreitet und wird von allen Mitgliedern der Gesellschaft praktiziert. Bürgerinnen und Bürger sind in der Lage, Informationen kritisch zu hinterfragen, Desinformation zu erkennen und fundierte Entscheidungen zu treffen.

14.2. Eine Gesellschaft der Bildung für alle

In einer aufgeklärten Zukunft haben alle Menschen Zugang zu hochwertiger Bildung, unabhängig von ihrem sozialen, wirtschaftlichen oder geografischen Hintergrund. Bildung ist nicht nur ein Privileg, sondern ein grundlegendes Menschenrecht, das allen zugutekommt.

14.3. Eine Gesellschaft der globalen Zusammenarbeit

In einer aufgeklärten Zukunft arbeiten Nationen und Kulturen zusammen, um gemeinsame Herausforderungen zu bewältigen und eine nachhaltige und gerechte Welt zu schaffen. Der Dialog und die Zusammenarbeit zwischen verschiedenen Ländern und Kulturen sind von zentraler Bedeutung für die Lösung globaler Probleme.

14.4. Eine Gesellschaft des Respekts und der Toleranz

In einer aufgeklärten Zukunft respektieren und schätzen die Menschen die Vielfalt der Welt und sind tolerant gegenüber unterschiedlichen Meinungen, Kulturen und Lebensweisen. Diskriminierung und Vorurteile gehören der Vergangenheit an, und die Menschen setzen sich für Gleichberechtigung und soziale Gerechtigkeit ein.

14.5. Schritte zur Verwirklichung dieser Vision

Um diese Vision für eine aufgeklärte Zukunft zu verwirklichen, müssen Regierungen, Bildungseinrichtungen, die Zivilgesellschaft und die Privatwirtschaft zusammenarbeiten:

- Förderung von Bildung und kritischem Denken auf allen Ebenen der Gesellschaft.

- Investitionen in Bildungseinrichtungen und Ressourcen, um Bildung für alle zugänglich zu machen.

- Förderung des interkulturellen Dialogs und der globalen Zusammenarbeit.

- Bekämpfung von Diskriminierung und Ungerechtigkeit durch Bildung und Aufklärung.

- Schaffung einer unterstützenden Umgebung, die kritisches Denken und Bildung fördert.

Eine aufgeklärte Zukunft ist eine, in der Bildung und kritisches Denken die Grundlagen einer gerechten, nachhaltigen und harmonischen Gesellschaft bilden. Durch gemeinsame Anstrengungen können wir diese Vision verwirklichen und eine Welt schaffen, in der alle Menschen die Möglichkeit haben, ihr volles Potenzial zu entfalten und gemeinsam eine bessere Zukunft aufzubauen.

Damit wir eine bessere Zukunft mit wenig Ignoranz aufbauen können, müssen wir auf individuelle Initiative konzentrieren, die Barrieren der Ignoranz abzuschaffen. Im nächsten Kapitel geht es mehr über individuelle Lösungen zur Bekämpfung der Ignoranz für einen friedlichen und glücklichen Leben zu führen.

Kapitel 15: Individuelle Lösungen gegen Ignoranz für ein glückliches Leben

Ignoranz kann tiefgreifende Auswirkungen auf unserem Leben haben, das kann unserem Denken, Handeln und Emotionen negativ beeinflussen. Und somit kann Ignoranz das persönliche Glück erheblich beeinträchtigen, da sie oft zu Missverständnissen, Vorurteilen und falschen Entscheidungen führt. Um Ignoranz zu überwinden und ein glücklicheres Leben zu führen, können folgende individuelle Lösungen hilfreich sein:

15.1. Persönliche Bildung und Selbstverbesserung

- **Lebenslanges Lernen:** Sich kontinuierlich weiterbilden und offen für neue Informationen und Perspektiven sein. Dies kann durch Bücher, Online-Kurse, Seminare und Dokumentationen geschehen.

- **Kritisches Denken entwickeln:** Die Fähigkeit, kritisch zu denken und Informationen zu hinterfragen, hilft, fundierte Entscheidungen zu treffen und Missverständnisse zu vermeiden.

- **Neugierde fördern:** Neugierde und der Wunsch, Neues zu lernen, können helfen, Ignoranz zu verringern und das Leben bereichernder zu gestalten.

15.2. Emotionale Intelligenz und Selbstreflexion

- **Selbstreflexion:** Regelmäßige Selbstreflexion hilft, die eigenen Gedanken, Gefühle und Verhaltensweisen zu verstehen und zu hinterfragen.

- **Empathie und Mitgefühl:** Sich in andere hineinzuversetzen und deren Perspektiven zu verstehen, kann Vorurteile abbauen und zwischenmenschliche Beziehungen verbessern.

- **Selbstbewusstsein:** Sich der eigenen Stärken und Schwächen bewusst sein

und daran arbeiten, sich
kontinuierlich zu verbessern.

15.3. Soziale Interaktion und Netzwerken

- **Offene Kommunikation:** Aktives Zuhören und offene Gespräche fördern das Verständnis und den Austausch von Ideen.

- **Vielfältige Kontakte:** Beziehungen zu Menschen aus verschiedenen Kulturen und mit unterschiedlichen Hintergründen pflegen, um das eigene Wissen und die Perspektiven zu erweitern.

- **Gemeinschaftliche Aktivitäten:** Teilnahme an gemeinschaftlichen Aktivitäten und Projekten, die den Austausch und die Zusammenarbeit fördern.

15.4. Praktische Erfahrungen und Abenteuer

- **Reisen:** Reisen und das Kennenlernen neuer Kulturen können das Verständnis und die Wertschätzung für die Vielfalt der Welt erhöhen.

- **Hobbies und Interessen:** Das Ausüben verschiedener Hobbies und Interessen kann neue Fähigkeiten und Kenntnisse vermitteln und das Leben bereichern.

- **Freiwilligenarbeit:** Engagement in gemeinnützigen Projekten kann praktische Erfahrungen vermitteln und das Bewusstsein für soziale und globale Themen schärfen.

15.5. Mentale und körperliche Gesundheit

- **Meditation und Achtsamkeit:** Praktiken wie Meditation und

Achtsamkeit können helfen, den Geist zu klären und ein tieferes Verständnis für sich selbst und die Welt zu entwickeln.

- **Gesunde Lebensweise:** Eine gesunde Ernährung, regelmäßige Bewegung und ausreichend Schlaf tragen zur allgemeinen Zufriedenheit und einem klaren Geist bei.
- **Stressmanagement:** Techniken zur Stressbewältigung, wie Yoga oder Atemübungen, können helfen, einen klaren Kopf zu bewahren und besser mit Herausforderungen umzugehen.

15.6. Werte und Ethik

- **Werteorientiertes Leben:** Ein Leben im Einklang mit den eigenen Werten und Prinzipien führt zu einem tieferen Gefühl der Erfüllung und Zufriedenheit.

- **Ethisches Verhalten:** Ethisches Verhalten im täglichen Leben, wie Ehrlichkeit, Integrität und Respekt, fördert harmonische Beziehungen und ein positives Selbstbild.

15.7. Spirituelle und religiöse Erkundungen

Existenzielle Fragen betreffen grundlegende Aspekte des Lebens, wie den Sinn des Lebens, den Tod, die Freiheit und die Identität. Ignoranz gegenüber diesen Fragen kann zu einem Gefühl der Leere oder Orientierungslosigkeit führen. Der Koran, als heilige Schrift des Islam, bietet viele Einsichten und Antworten auf existenzielle Fragen. Diese Fragen betreffen unter anderem den Sinn des Lebens, den Tod, die menschliche Identität und die Beziehung zu Gott. Hier sind einige zentrale existenzielle Fragen, die im Koran thematisiert werden, und wie sie darin behandelt, werden:

15.8. Der Sinn des Lebens

Der Koran betont, dass der Sinn des Lebens darin besteht, Gott zu dienen und seine Gebote zu befolgen.

- **Anbetung Gottes**: „Und Ich habe die Dschinn und die Menschen nur darum erschaffen, damit sie Mir dienen." (Koran 51:55)

- **Prüfung:** „Er, der den Tod erschaffen hat und das Leben, auf dass Er euch prüfe, wer von euch die besseren Taten verrichte." (Koran 67:2)

15.9. Der Tod und das Leben nach dem Tod

Der Koran behandelt ausführlich das Konzept des Todes und das Jenseits. Er betont, dass das diesseitige Leben eine Vorbereitung auf das ewige Leben ist.

- **Unvermeidlichkeit des Todes:** „Jede Seele wird den Tod kosten, Und euch wird euer Lohn am Tag der Auferstehung vollständig gegeben, und wer da vom Feuer ferngehalten und ins Paradies geführt wird, der soll glücklich sein." (Koran 3:185)

- **Jenseits:** „Wahrlich, das Jenseits ist besser für dich als das Diesseits." (Koran 93:4)

- **Auferstehung und Gericht:** „Und fürchtet den Tag, an dem ihr zu Allah zurückgebracht werdet. Dann wird jeder Seele das zurückerstattet, was sie erworben hat, und ihnen wird kein Unrecht geschehen." (Koran 2:281)

15.10. Die menschliche Identität und Bestimmung

Der Koran spricht über die Schöpfung des Menschen und dessen besondere Stellung und Verantwortung.

- **Schöpfung des Menschen:** „Wahrlich, Wir erschufen den Menschen aus einer Ergussmischung, auf dass Wir ihn prüfen möchten; dann machten Wir ihn hörend und sehend." (Koran 76:2)

- **Vertreter Gottes auf Erden:** „Und als dein Herr zu den Engeln sprach: „Wahrlich, Ich werde auf der Erde einen Nachfolger einsetzen.' sagten sie: ‚Willst du auf ihr jemanden einsetzen, der auf ihr Unheil stiftet und Blut vergießt, wo wir doch Dein Lob preisen und Deine Herrlichkeit rühmen?' Er sagte: Wahrlich ‚Ich weiß, was ihr nicht wisst.'" (Koran 2:30)

15.11. Moral und Ethik

Der Koran gibt klare Anweisungen für moralisches und ethisches Verhalten, das als Weg zur Erfüllung und zum wahren Glück betrachtet wird.

- **Gerechtes Leben:** „O ihr, die ihr glaubt, seid auf der Hut bei der Wahrnehmung der Gerechtigkeit und seid Zeugen für Allah, auch dann, wenn es gegen euch selbst oder die Eltern und Verwandten geht," (Koran 4:135)

- **Barmherzigkeit und Vergebung:** „Wünscht ihr nicht, dass Allah euch vergeben? Und Allah ist Allvergebend, Barmherzig." (Koran 24:22)

15.12. Die Beziehung zu Gott

Der Koran betont die Wichtigkeit der Nähe zu Gott und das Vertrauen auf Ihn in allen Lebenslagen.

- **Nähe zu Gott:** „Und wenn dich Meine Diener über Mich befragen, so bin Ich nahe; Ich höre den Ruf des Rufenden, wenn er Mich ruft." (Koran 2:186)

- **Vertrauen auf Gott:** „Und Wer auf Allah vertraut – für den ist Er sein Genüge. Wahrlich, Allah setzt durch, was Er will. Siehe Allah hat für alles eine Bestimmung gemacht." (Koran 65:3)

15.12.1. Weisheit und Reflexion

Der Koran fordert die Gläubigen auf, über die Schöpfung und die Zeichen Gottes nachzudenken.

- **Nachdenken über die Schöpfung:** „Wahrlich, in der Schöpfung der Himmel und der Erde und in dem Wechsel der Nacht und des Tages, liegen wahre Zeichen für die Verständigen." (Koran 3:190)

- **Weisheit suchen:** „Er gibt die Weisheit, wem Er will. Und wem da Weisheit gegeben wurde, dem wurde hohes Gutes gbegeben, doch niemand bedenkt dies außer den Einsichtigen." (Koran 2:269)

Durch das Studium und die Reflexion über diese und andere Verse des Korans können tiefere Einblicke in existenzielle Fragen gewonnen werden, die sowohl spirituell als auch praktisch bedeutungsvoll sind.

Das Lesen des Korans kann eine Quelle tiefer seelischer Ruhe und Erfüllung sein. Der Koran enthält zahlreiche Verse, die speziell darauf abzielen, Trost und Frieden in Zeiten der Not und Unsicherheit zu spenden.

Das Lesen des Korans kann auch eine effektive Methode sein, um Ignoranz zu überwinden, da er umfassende Weisheiten, ethische Richtlinien und Wissen über verschiedene Aspekte des Lebens bietet. Durch das systematische und reflektierende Lesen des Korans können Sie nicht nur Ihre spirituelle und intellektuelle Ignoranz überwinden, sondern auch eine tiefere Verbindung zu Ihrem Glauben und zu Gott entwickeln.

Sei nicht Ignorant und lese Koran!

ÜBER DEN AUTOR

Ilyas El Idrissi Nourti geboren am 05.07.1983

in Marokko, studierte Master of Science
Umweltingenieurwesen an der TU Darmstadt
zwischen 2011 und 20214. Arbeitet seit 2015
im Qualitäts-, Umwelt- und
Arbeitsschutzmanagement.

E-Mail: i.nourti@outlook.com